建築家へのABC　ハウ・トゥー・アーキテクト

HOW TO ARCHITECT by Doug Patt
Copyright © 2012 Massachusetts Institute of Technology
Japanese translation published by arrangement with MIT Press
through The English Agency (Japan) Ltd.

ダグ・パット 著　矢代 眞己 訳

建築家へのABC
ハウ・トゥー・アーキテクト

鹿島出版会

はじめに

「建築家(アーキテクト)」という言葉は名詞だが、ここでは動詞のように用いていきたい。このように使い方を変えることで、建築と言語について活発な議論が巻き起こる。意図されたのとは異なる見方で言説や建物について考え直すきっかけをもたらす。

建物とは文章のようなものである。どちらも構文＝構造(ストラクチャー)を備え、それぞれの規則に従う。しかし規則が破られたとしても、表現や場所の意味が損なわれるとは限らない。言葉や場所の機能を変えることは、驚きや新らしい意味を生みだすことにもなる。例外が生じたことで、語形変化を促すこともあれば、誤用が発明に結びつくこともある。

この本は「How to Architect」、つまり建築家になるためのABCを記した一冊だ。その第一歩を踏みだすための初心者向けの入門書ともいえる。そもそもの出発点は、YouTubeや私のサイト「howtoarchitect.com」などインターネットへアップロードするのに自主制作したビデオである。建築家になるべく教育を受けたいと考えている、現在は異なる道を歩んでいるがかつては建築家になりたいと考えていた、もっと単純に、路上に軒を連ねる建物に関心をもっていれば、きっとこの本をおもしろいと感じるだろう。建築家のありのままの姿を知るための手がかりとして、手に取ってほしい。

現役の建築家ならば、免許を取得する前にその職能に抱いていた幻想を懐かしく思い起こすかもしれない。はるかに現実的となったいまの自分の姿にも気づくだろう。また、建築が大好きであれば、「建築とは何か」「建築家とは何者か」と繰り返し自問した経験があろう。そうした質問にＡからＺまでの26項目のキーワードで簡潔に答えたのが、この本である。

　私は手描きの設計図面とレタリングが大好きである。これが、項目ごとに見出しとなる手書き文字を描いた理由でもある。つづいて、建築の実務、建築の領域で特別視されていること、建築家が知っておくべき理念に沿って選びだしたキーワードについての手短な説明を行っている。ほとんどの建築家と同じように言葉よりも絵を好むし、伝達手段として文章よりもはるかに図面を信じている。そこで、文意をより明確にするために図面を用いた。同じ理由から写真やコンピューターで作成した図版も入れた。

　長年にわたり高校生や保護者から、たいがいの進路担当者は建築家という職能について相談するための十分な知識をもち合わせていないという不満の声や、逆に、建築家を志望する生徒に過剰な指導を行うという不信の声が寄せられている。大学での学習期間では十分ではない建築家という職業をめざすわが子の行く末に不安を抱く親や、建築家は必ずしも社会に必要でないと考える多くの人とも、顔を合わせてきた。

　この本は、向上心をもつ建築家を元気づけることを目論んでいるが、若者が建築に抱くいたずらな幻想を打ち砕きたいという逆の衝動にもかられている。建築への関心の程度に応じて、現代文化は建築への希望や欲求を抑圧する傾向にもある。建築を社会の脇へと追いやり、建築に携わる人々を不要とする動きである。「建てよう、しかし建築家は必要ない」と主張する輩(やから)に対抗して、この本は挑戦的な動詞「建築家(アーキテクト)」となるのだ。

目次

	はじめに	4

A	*Asymmetry* アシンメトリー 非対称	9
B	*Building Codes* ビルディングコード 建築法規	14
C	*Choir* クワイア 聖歌隊	18
D	*Design* デザイン デザイン	22
E	*Ego* エゴ エゴ、自分	26
F	*Form* フォーム 形態、かたち	30
G	*Gravity* グラヴィティ 重力	34
H	*Human* ヒューマン ひと	39
I	*Invention* インヴェンション 発明	43
J	*Juncture* ジャンクチャー 接合	47
K	*Kevin Bacon* ケヴィン・ベーコン ケヴィン・ベーコン	51
L	*License* ライセンス 免許	55
M	*Mathematics* マセマティックス 数学	59
N	*Narrative* ナラティヴ 物語	63
O	*Obsolete* アブソリート 時代遅れ	68
P	*Proportion* プロポーション 比例、つり合い	73

Q	*Quirky*	クォーキー	奇抜	78
R	*Routine*	ルーティン	日常業務、ルーチンワーク	83
S	*Style*	スタイル	様式	88
T	*Translate*	トランスレイト	翻訳	91
U	*Use*	ユーズ	実用性	95
V	*Vocation*	ヴォケーション	天職	99
W	*www*	ワールド・ワイド・ウェブ	www	104
X	*X-Acto*	エグザクト	製図道具	108
Y	*You*	ユー	キミたち	112
Z	*Zeal*	ジール	熱意	117

	著者あとがき	121
	訳者あとがき	124

本文中の［　］は訳者による補注

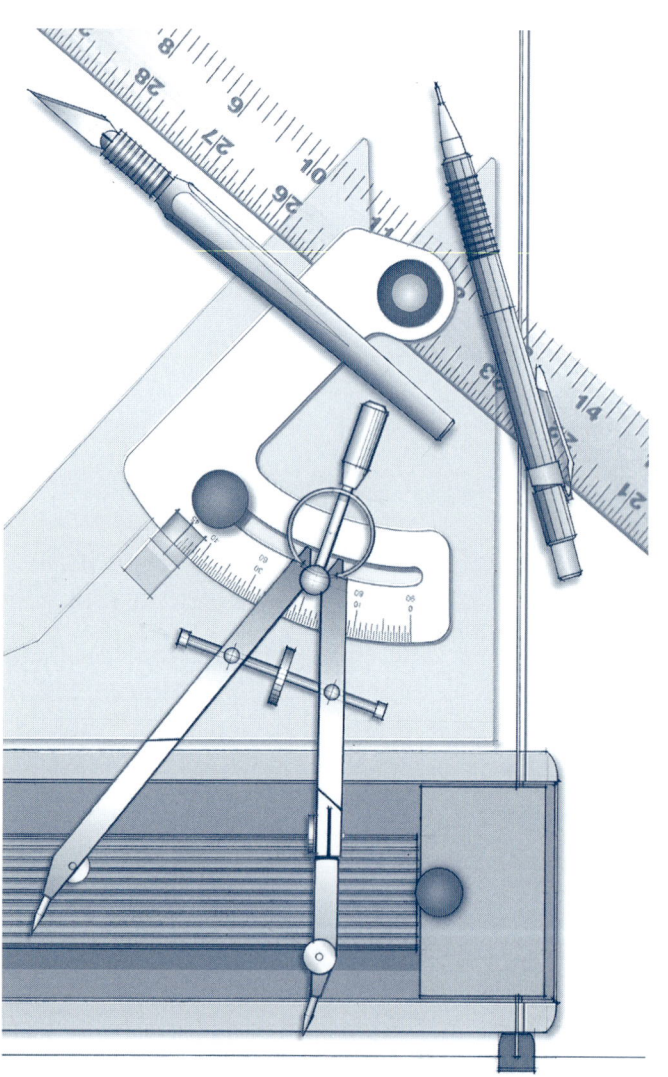

A Asymmetry

非対称

アシンメトリー

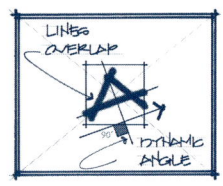

ASYMMETRY

非対称は対称の真逆である。鏡は、対称をなす反対側の像を映しだす一方で、鏡面左右の虚と実の空間を分ける軸線ともなる。ある物体が軸線で2分され、その両側が一致しないとき、非対称となる。

　人間の身体は左右対称と思われているが、実際はそうではない。左足の大きさは右足とは異なるだろうし、長さが違うかもしれない。目や眉毛のかたちが左右で異なることもある。自動車の外見は対称だが、車内は非対称となる。脳も同様だ。見かけは対称だが、左脳と右脳では機能が異なる。分析的な左脳人間と創造的な右脳人間が存在している。

　建物でも同様である。シャルトル大聖堂は左右対称に見えるだけである。正面の左右にそびえる塔は、じつは非対称になっている。アシンメトリーは、近現代の建築ではより一般的になっている。ヘリット・リートフェルト、ル・コルビュジエ、近年ではフランク・ゲーリーやザハ・ハディッド、レム・コールハースの作品には、非対称の形状をもつ建物が少なくない。機能的であったり、美しくあるために、対称である必要はない。

　非対称の真逆は対称である。手のひらを鏡の表面に広げると、結果として対称をなす、同一だが正反対の像が映しだされる。何千年もの間、シンメトリーはデザインを統合する手法であり続けてきた。建物が人間の叡智の所産であることを示すしるしでもあった。エジプトのピラミッド、天空

フランス・シャルトルにあるゴシック様式の大聖堂。左右対称に見えるファサードのふたつの異なる塔の造形

に延びゆく世界の大聖堂、タージ・マハル、そしてアジアや古代ローマ、ギリシャの古典的名作、さらに世界の大都市の多くも、シンメトリーをもつ明快な事例となっている。フランク・ロイド・ライト、ミース・ファン・デル・ローエ、ルイス・カーン、フィリップ・ジョンソン、エーロ・サーリネン、そして最近ではサンチャゴ・カラトラバなど、近現代の巨匠といわれる建築家の作品にもシンメトリーは見て取れる。

　シンメトリーは美しさを創造するための統合的な手法である。おもしろいことに、自然の事物の多くは対称に見えるが、より詳しく観察すると非対称であることがわかる（人間の身体はその一例）。おそらくこれこそがシンメトリーの理念が、美しきものを創造するために追求され続ける理由となろう。対称と思われる、対称に近似した［非対称の］ものの創造が求められる。建築家はシンメトリーもアシンメトリーも造形手法として用いる。双方がひとつの作品に混在していることも少なくない。

次ページ上：ドナト・ブラマンテによるローマの殉教者記念礼拝堂テンピエットの立面。この建物はシンメトリーである　次ページ下：フランス、ロンシャンのノートル・ダム・デュ・オー礼拝堂の透視図。この近代的な礼拝堂の設計者はル・コルビュジエ。この建物はアシンメトリーである。ふたつの建物に見られる中央の垂直の軸線を見てほしい。テンピエットでは鏡像をなすが、ノートル・ダム・デュ・オー礼拝堂ではそうはならない

13　非对称

B *Building Codes*
ビルディングコード

建築法規

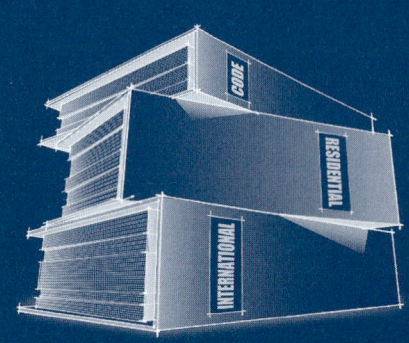

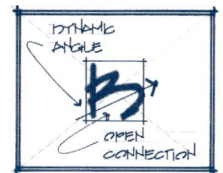

ボブ・ディランは、誰もが「誰かに仕えなければならない」と歌っている。つまり、誰もが従うべき何かを背負っているのだ。それは工場長でも、重役の上司であっても変わらない。それぞれに逆らえない規則が存在するのである。

　建築法規、土地利用規制、障害者法＊、地域協定は、建築家にとって従うべき規則となる。建築法規は建物の安全基準を規定する。国民の健康や安全、福祉のためにつくられたものだ。建築法規は世界一律ではないし、アメリカ国内でも地域や州、連邦と管轄の違いで異なる。土地利用の規制は、敷地がどのような用途の建物に用いられるべきか、建てられる建築の面積、建物の構造などについて規定するもので、一般に地理的な条件に応じて施行される。

　ADA（アメリカ障害者）法は、1990年に全土で施行された。建築家にとっては、障害者が利用する建物を設計、建設するための規則だ。そして地域協定とは、そこに住む人々や組合（たとえば住宅所有者が設立したものなど）が決めた規則となる。強制力を伴わない「省エネ_{グリーン}」建物を設計す

＊障害者の公民権法ともいわれる米国の障害者法は、障害者に対応する建築上の規定も含んでいる。日本で同様な観点から建築的に対応する法律は「バリアフリー新法（高齢者、障害者等の移動等の円滑化の促進に関する法律）」（2006年施行）になる。

15　建築法規　　　　　　　　　　　　　　　　　　　　　　　　　　　　　B

るための「LEED（建築物の環境対応評価システム）」と呼ばれる基準もある。これらの規則は、建物の環境的、経済的、社会的影響を考慮して制定された。

　設計者にとっても建設業者にとっても規定の内容を守ることは義務である。建物は、法規、規制、協定遵守のため、工事の前にも最中でも検査される。違反が見つかれば変更を求められる。これは時間と資金の無駄を意味する。よい建築家は規則を守り、よい建物を設計するための手段ともする。世界で最も進歩的で、過激で、創造的な建物であっても、建築法規、土地利用規制、ADA法の規定、そして地域的な建築協定の枠組みのなかで設計されていることは驚きかもしれない。

　規則や規制は、創造力を妨げる存在ではなく、むしろ創造力をかき立てる存在ととらえるべきである。制限があるなかで、創造的かつ優雅に問題の解決策を導くのは、やりがいのある作業である。ナイキの創業者フィル・ナイトは「規則に従い競技せよ、しかし臆することはない」と言っている。

ADA : The Americans with Disabilities Act
LEED : Leadership in Energy and Environmental Design
IRC : International Residential Code

右ページ上：2006年版のIRC（国際住宅基準）からの抜粋。防火、出口、建築材料、仕上げ、基礎、電気工事など多くの建築要素の基準を規定している　右ページ下：階段と手すりの規定についての図解。記載事項は国際住宅基準の規定より

R311.5.3 階段の踏面と蹴上げ

R311.5.3.1 蹴上げの寸法
蹴上げの最大高さは 196mm。蹴上げの高さは隣接する踏面の先端間で垂直に計測すること。同一階段での蹴上げ寸法の相違は 9.5mm を超えてはならない。

R311.5.3.2 踏面の寸法
踏面の最小奥行きは 254mm。踏面の奥行きは隣接する踏面の先端間の垂直面で水平に計測すること。同一階段での踏面寸法の相違は 9.5mm を超えてはならない。螺旋階段の踏面の最小奥行きは……

R311.5.3.3 断面
階段には蹴込み板とともに 19mm 以上 32mm 以下の段鼻を設けること……

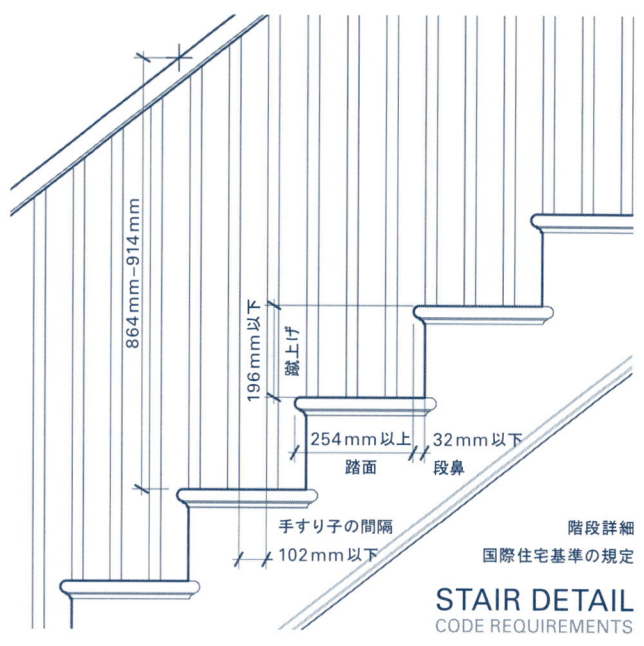

階段詳細
国際住宅基準の規定

STAIR DETAIL
CODE REQUIREMENTS

C *Choir*
クワイア

聖歌隊

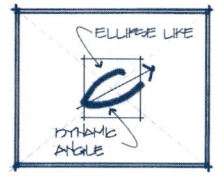

建築を設計(デザイン)し、建てることは、どこか聖歌隊を指揮する作業と似ている。独唱でも美しくなりうるが、聖歌隊となれば、合唱としてのハーモニーを奏でる共通目的のために、才能あふれる面々が会するのである。

　建築の領域では多岐にわたる専門家が協働し、ハーモニーを奏でる「建物」をつくり上げていく。この聖歌隊には、多くのメンバーが参加することになる。建築家、インテリアデザイナー、ランドスケープアーキテクト、構造技術者、機械技術者、音響コンサルタント、クライアントとその代理人、建設請負業者、コンクリート業者、石工職人、鉄骨業者、建具職人、断熱材施工者、内装業者、配管工、電気施工者、左官職人、木工職人、家具職人、空調設備士、屋根職人、庭師、塗装職人、自治体の担当者、抵当権者、融資業者、法律家、そして銀行……。

　計画を遅れることなく、予算を超えることなく、スムーズに進めるためには、皆が団結して協力し合う必要がある。そのとき建物の完成に向けて協働する多数の才能あふれる専門家をとりまとめ、コーディネートしていくことこそが、建築家の役目なのである。

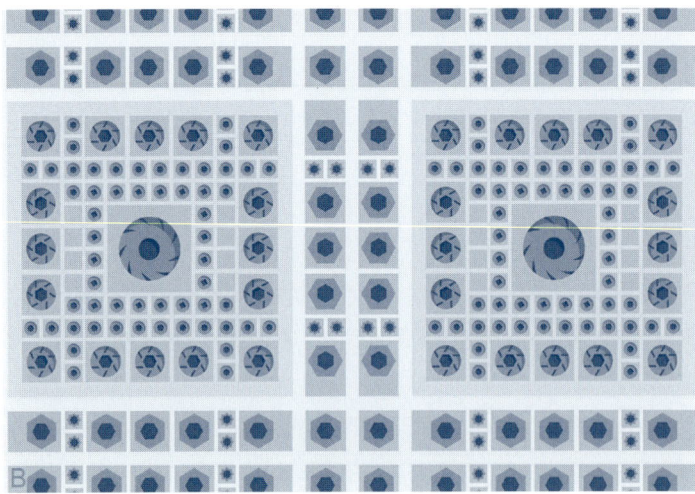

扉：異なる建築の構成要素（柱列、スレート屋根、シングル葺き立面）が互いに関係づけられると、調和がもたらされる。建築家ジャン・ヌーヴェルはパリにあるアラブ世界研究所の壁面に、幾千ものシャッターをもつ機械仕掛けのステンレス製パネルを設けた。そのシャッターはさまざまなかたちと大きさからできている。太陽光発電を利用し、昼光の変化に従い自動的に開閉する仕組みで、ファサード全体がこのパネルで覆われている。全体として、アラビアの布地やラグを想起させる　上：シャッターのディテール

この石壁は類似した部材からつくられている。各部材は構造的に支え合っている。窓上部のまぐさは、建築家がほかの職能の作業をサポートするのと同じく、積まれた石の荷重を支えている。ひとつひとつの石はなんの変哲もないが、きちんとつくられた石壁は調和のとれた姿を示す

D *Design*
デザイン 　　　　　　　　　　　　　　　　　　　　　　　　　デザイン

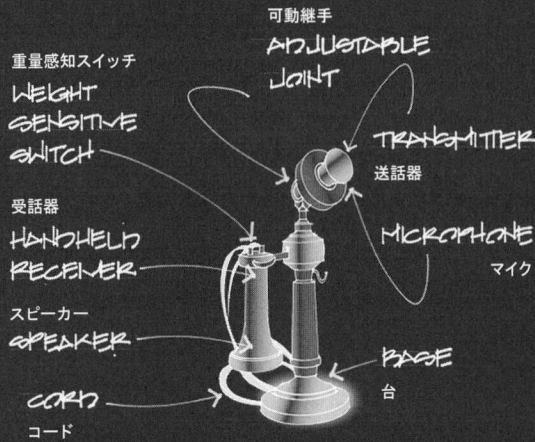

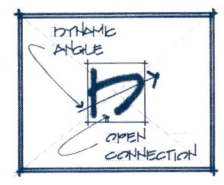

建築家は建物をデザインし、建設作業に協力する。これはいたって当たり前のことのように思えるが、じつはデザインとは、[たんにかたちを考案することではなく]もろもろの設計条件を矛盾なくまとめ上げていく思慮深い計画のことなのである。

　設計条件は「プログラム」と呼ばれ、クライアントが提示してくるものだ。計画に対する要望と希望の総体がプログラムなのである。建築家は、各階平面、立面、室内意匠、設備機器、備品、ときには家具も含めて建物のあらゆる部分を設計する。そして、工事に用いられる実施図面を作成したり、現場では出来具合をチェックする。さらに、たくさんの専門家の仕事や膨大な工事関係の書類の調整を図る。デザインは建築の核心となる部分であることは確かだが、世間の理解とは異なり、建築家の仕事のごく一部にしかすぎない。

　一般的にいえば、デザインは電気掃除機、スニーカー、プリンター、ヘッドホン、銀製品、家具、オートバイ、飛行機、電車、そしてもちろん建物も含めて、日常生活に必要なアイテムの創造行為に適用される。そんな理解とは裏腹に、デザインはダイナミックで時間を必要とするプロセスであり、尽きることのない作業でもある。ある製品が店の棚に陳列されたとしても、そのデザイナーは次期製品の開発作業にいそしんでいることであ

玄関扉の9つの試案。20世紀初頭のタウンハウス

ろうし、消費者はつねに改良された新しい製品の投入を望んでいる。

電話がその代表例だ。電信機からスマートフォンまで、電話は絶え間なく進化している。つねに改良された製品が、次の曲がり角に、すぐ目の前に顔をのぞかせている。

同じく、ひとつの建物を建て終えた直後でもクライアントは、次の計画となる住宅の新築、増築、改修、オフィスビル、学校、あるいは摩天楼について思いを巡らせている。そして、クライアントは建設作業に加わらないため、最適解を求めて建築家はデザインを、主体的にたゆまず微調整していくことが求められる。

デザインは反復のプロセスである。デザインの進化に伴い、建築家は何度も気持ちを切り替えることになろうし、クライアントも同様だろう。契約と入札の段階では、全体的なデザインの変更は基本的には行われないが、細かい部分についてはコストの面で再検討される。工事がはじまると、建設業者が設計図書や仕様書どおりに施工できない、工費が削減された、あるいは予算管理が不適切だったなど、いくつもの理由から変更が行われる。必然的に、デザインへの関心は置き去りにされ、工費削減を目的に修正されることになる。竣工後に変更を余儀なくされるときもある。クライアントが完成した建物に不満足な場合である。はじめから最後まで、変更はデザインプロセスの避けられない一部なのである。

Ego
エゴ

エゴ、自分

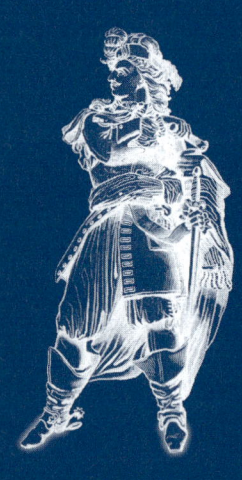

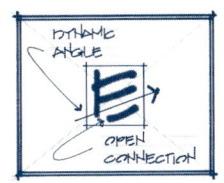

よい批評は独善的(パーソナル)ではない。建築家としてキャリアをスタートしたころ、「批判を受け入れる心が大切だ」と上司に耳打ちされた。社内会議で私の仕事へ向けられた批評に対する反応を見ての忠告だった。

　上司は正しかった。その当時はいたずらに感情的になり、同僚の声の意味をよく考えもせずに席を蹴ってしまったのである。大学の設計の科目を、重要な洗礼(レッスン)を受けずに終えてしまったようである。批判に耳を傾け、生かすことは建築家にとって不可欠なのだから。批判を受け入れる奥ゆかしさは、降伏ではないのだ。

　設計製図(スタジオコース)の授業では、ほとんどの学生が長時間と激務を強いられる。実務の現場でのデザインプロセスにならった演習科目であり、建築家の卵が腕を磨く実地訓練の場となる。デザインの考え方に対する批判的な能力を育む機会ともなる。授業の一部には、批評の機会や講評会が組み込まれている。担当の教授や講評者(クリティック)にとって、学生のデザインへの取り組み、作業の進展、成果としての作品を確認するチャンスでもある。学生時代で最も思い出深く、ストレスがかかり、屈辱的な記憶を残すこともある授業となる。涙に暮れて講評会を去った学生はひとりでない。

　建築をつくるのは極めて個人的な作業である。建築家はみな、自らの美意識や問題意識を通して(デザインフィルター)、計画・設計の作業をこなしていく。個人的な経

験や体質から導かれる建築的な課題を解決した結果が、建築（＝設計案）なのである。

　そのプロセスは、感情、アイデア、そして批判への"対処"のしかたに左右される。それは個人的（パーソナル）なものにほかならない。よい批評は、それに耐えられれば、かけがえのないものとなる。

　　ハンプティー・ダンプティー、塀の上に座っていた、
　　ハンプティー・ダンプティー、ドサッと落っこちた！
　　王様の馬、王様の兵士、みんなかかっても、
　　ハンプティーを元通りには出来なかった！

「ハンプティー・ダンプティー」
（イギリス伝承童謡『マザー・グース』、三宅忠明訳）

ハンプティーとはイングランド内戦（1642–1649）で投入された強力な大砲のことで、設置された城壁から転落し、大破した。のちにつくられた童謡では、壊れたら再び元に戻すことはできないものとして、塀から落ちた卵について歌われている。エゴとはこの卵のようなもので、壊れてしまうときがある。よき建築家となるには、転落しても自ら立ち直らなければならない

F *Form*
フォーム

形態、かたち

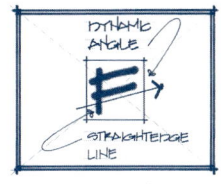

「形態は機能に従う」とは、19世紀末から20世紀初頭にかけて活躍した建築家、ルイス・サリヴァンの言葉である。サリヴァンは、建物の外観は内部の用途によって決定されるべきだと信じていた。言い換えれば、機能が第一なのであった。

のちに近代建築家はこのイデオロギーを引き受けて、さらに建物はあらゆる装飾を省いて単純化されるべきという理念を付加することで、それまでの建築には見られなかった外観と内部機能の明快な関係を導いた。「形態は機能に従う」、この言葉はデザインの根本原理を確立した。この考え方によれば、スタジアム、住宅、靴、自動車、飛行機、オートバイ、家庭用品と何をデザインしようが、外観は機能によって決定されるのである。

しかし、機能が形態に従うこともある。言い換えれば、建物の外観が、機能よりも優先されるのである。これはより最近の見方である。

20世紀半ばにミース・ファン・デル・ローエは、近代主義者のイデオロギーにふさわしい装飾をそぎ落とした厳格な建築をつくりだしたが、それはあらゆる機能に対応できる単純な箱型の造形だった。ミースというと機能主義を連想するが、その作品は建物の形態を機能より優先させた建築という、もうひとつの思想のあり方を示すものとなった。建物の全体的な形態は、その性格を端的に表す。そこでは内部機能は二義的なものとされ

ているのだ。

　コープ・ヒンメルブラウという建築家グループは、ミースと同様のイデオロギーをさらに過激なかたちで用いた。その建物は単純できれいな箱型の造形ではなく、オブジェととらえられてつくりだされた過激な形状と構成からなっている。近代主義からポストモダニズム、デコンストラクティヴィズム、ブロビテクチャー［有機的でアメーバのような曲線を特徴とする造形］にいたるまで、アイコンとなる造形をつくりだすことが目論まれてきた。ここで重要なのは、あるイデオロギーが正しいのではなく、自由な判断が行われることである。

　しかし間違ってはいけない。建築家はクライアントのために設計（デザイン）するのだ。クライアントが望む形態と、要求する機能を満たした設計を行わなければならない。クラインアントは建築家と毎日顔を合わすことはないが、打ち合わせごとに建築家の提案を承認し、拒む権限をもつ。もちろん建築家は専門家であるがゆえに雇われたわけで、クライアントの計画の遂行をサポートし、適切な進行を図るのは建築家の責務である。もし、クライアントが譲歩を望まなかった場合は、妥協するか、あるいは設計を断念するかという選択肢が残される。

　ビジネスや自分のために注目されたいというクライアントの願いを成就させる、外観だけが奇抜な建物であるなら、存在価値はない。形状は非機能的でも、目的に応じて完璧に機能させなければならない。反対に、機能性が主体とされた、まったくに退屈なデザインを望むクライアントもいる。よくよく考えると、建築家とクライアントは、打ち合わせの過程を経ていくことで、表裏一体になっていく。建築家のスタイルとクライアントの感覚が、初期の段階からかみ合っていることが望まれる。

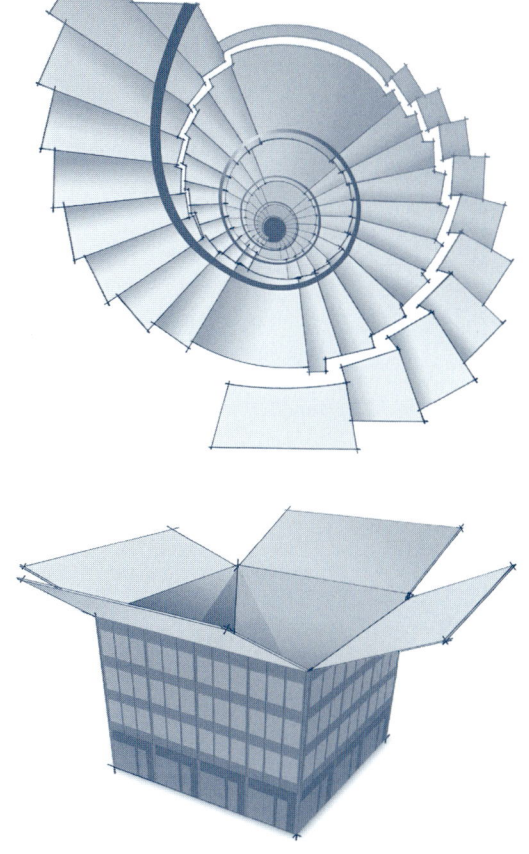

上：階段は「形態は機能に従う」の典型例である。上り、下りという機能がデザインのかぎとなる。この図での形態はらせん状の垂直の蹴上げと水平の踏面がその運動性を満たすものとなっている
下：このボール紙の箱は「機能は形態に従う」の一例である。形態がデザインの中心となっている。ミースのモダンなボリュームのように、その形状には際立った特徴はないが、シンプルであるがゆえにエレガントでもある。なんでも収納できるようにされている。その形状は、機能を変えても変化しない

G Gravity
グラヴィティ

重力

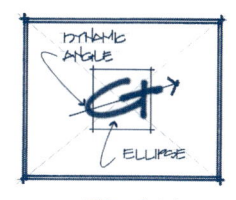

ある物体に働く重力は、その量塊性（マッス）に左右される。地球上の生きとし生けるものには、はるかに巨大な地球の重力が働いている。そして地球はより大きな太陽の周りを回り、より小さな月は地球の周りを回っている。太陽系と全宇宙の動きは同様であり、重力がすべてを結びつけている。

　およそ400年前にガリレオ・ガリレイが行ったように、ピサの斜塔から球を放つと落下する。アイザック・ニュートンはりんごが木から落ちるのを見て、すべてのものは重力に支配されるというアイデアをひらめいた。重力は避けられない事実であり、私たちのすること、つくるものすべてに影響を及ぼす。建築もまた例外ではない。

　建築の起源は、人間生活の容器（自分、友人、家族、所有物の保護）として空間をつくり上げるために、何かを持ち上げた状態に保つこと（重力に対する抵抗）に成功したときにはじまる。

　人類最初のすまいがどのようなものであったかを理念的に描き、現代の幻惑的な建築構造とは対照的な姿を示すロージエのイラスト「原始の小屋」が描かれてから、長い時が過ぎた。いずれにしても、どこかに出発点は存在している。原始的な洞窟住居やピラミッドを経て、初期の建物の形態は必要性から導かれた。内部空間をつくり雨風をしのぐために、傾斜屋根、柱、日干しレンガ、わらが使われた。この単純な構造は、ギリシャ

のアクロポリスの丘に立つ神殿など、威風堂々とした建物へと発展した。こうしたギリシャ建築の造形言語は、時代を超えて用いられている。

　光を追求する意識が生まれ、材料や重力への知識を学んだことで、建物はより複雑な構造へと発展した。この軌跡は中世の大聖堂に見られる。建物は、何をすべきから、何ができたかへと、建てる意味が変わった。構造的な工夫は、中世の大聖堂のフライングバットレスから、産業革命を経ての鉄とガラスのクリスタル・パレスまで、ゆっくりと進んでいった。

　エリシャ・オーチスは1854年にニューヨーク万国博覧会で、非常停止装置付きのエレベーターという発明を展示した。エレベーターの実用化で［階段しかないという］垂直動線の問題で制限されていた建物の高さに、限界がなくなった。ルイス・サリヴァンの鉄骨造の摩天楼は、バーナム＆ルートによるシカゴのモナドノック・ビルといった組石造の建物を凌駕した。分厚く不透明な壁は、薄く透明なガラスに置き換えられた。小さい窓と重い素材から、一面の窓と軽い鉄骨の骨組みへ、予測可能な形態からいかなる形態も可能へと、建物の主題は変化した。

　重力は決してなくならないが、建築家の心持ちと新しい材料はゆっくりと、しかし確実にこの変化を促していった。フランク・ゲーリー、サンチャゴ・カラトラバ、レム・コールハースの作品に見ることができる大胆な建築的試みは、重力の存在にもかかわらず、テクノロジーの発達によりほぼ完全なまでに、建築は表現の自由を獲得したことを示している。テクノロジー、総合建設業者の技術、職人の腕前、進化した素材、機械による正確な生産、これらのすべてが建物の形態と高さの可能性を前進させた。建築構造の将来は不確実だが、もはや重力の存在が影響を与えることはない。

1753年に発行されたマルク=アントーヌ・ロージエの著作『建築試論』に描かれた「原始の小屋」の著名な図版

レム・コールハースによる北京の中国中央電視台ビル。この建物は独特の形状と、空高くにそびえる過激なキャンティレバーをもっている

H *Human*
ヒューマン

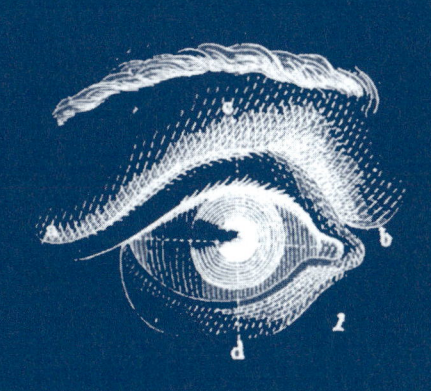

ひと

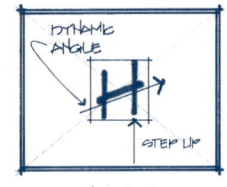

建物はひとを包み隠すとともに、映しだす。身体に合わせて洋服をつくるように、生活に合うように建物をつくる。つまり建築は、ひとの思考や振る舞い、活動、生活を表現する。それは社会がつくり上げた区分けや共通認識に対応する。小屋であれ豪邸であれ、街角の商店であれショッピングモールであれ、学校であれ摩天楼であれ、オフィスビルであれ裁判所であれ、刑務所であれ競技場であれ、建物は、われわれは誰か、われわれであるために誰を信じるのか、われわれが求めるのは何か、われわれは何を必要としているのかを反映させている。

　建築はひとの身体に合うように、言い換えれば人体寸法を利用してつくられている。長い歴史のなかでも、人体との関係で語られ続けてきた。たとえば、古代メソポタミアやエジプトの長さの単位であるキュービットは、前腕の長さを基準に決められていた。多くの寸法体系は、身体のさまざまな部分の長さ（足、手のひら、親指、指）を基準としてつくられている。

　建築家は、人間性と社会のあり方を理解すべきである。ひとがその場

右ページ上：レオナルド・ダ・ヴィンチのヴィトルヴィウス的人間。この絵は、ヴィトルヴィウスが著書『建築論』で論述した比例関係を描いている　右ページ下：歴史をつうじて寸法の単位はさまざまな基準を示している。ヴィトルヴィウスによれば6パーム（パームとは手のひら、人さし指から小指までの長さ）は1キュービットに等しく、4パームは1フットに等しい

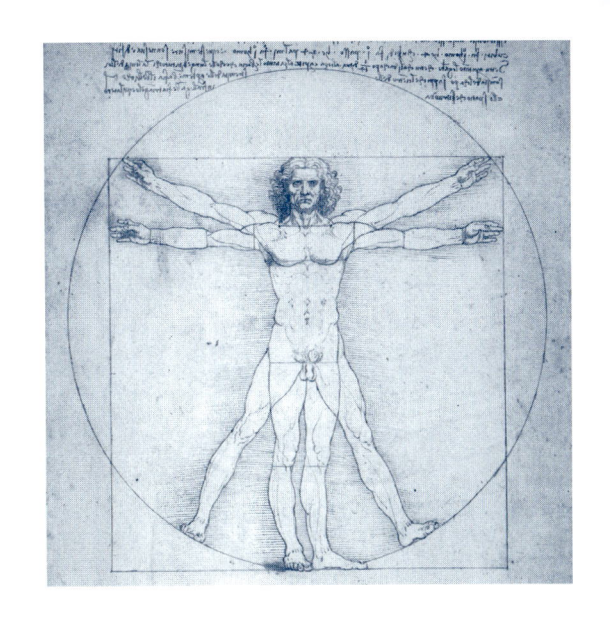

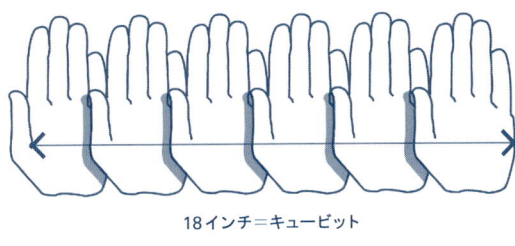

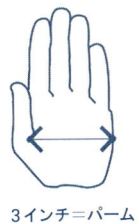

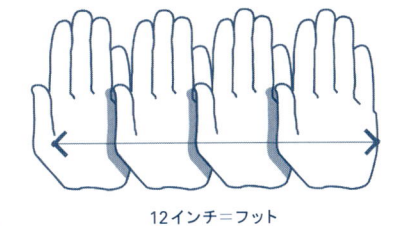

18インチ＝キュービット

3インチ＝パーム

12インチ＝フット

でどう振る舞うのかは、建物を設計する際に考える重要なポイントである。たとえば現代社会では、どこかでカジュアルなホームパーティが開かれるとすれば、広かろうとも狭かろうとも、ゲストはキッチンに集う傾向にある。大きな居間やスクリーンポーチの有無とは関係ないようである。最終的にキッチンに集合するのである。これはクライアントが小さなキッチンを希望したときや、動線や部屋の広さを決める壁の配置を考えるときのために、建築家が知っておくべき基礎知識となる。

　もうひとつの事例として、スポーツイベントでの人々の振る舞いを挙げよう。来場者数とその体重、ホームチームを応援する一挙一動で生じる荷重の総量は、設計上で配慮すべき最重要ポイントとなる。建築家と構造技術者は、競技場の構造システムを計画する際には、必ずこうした要因を確認する。泥酔者や騒ぎを引き起こしたファンに対し、裁判所や留置場の機能を備えている競技場もある。どれも人間の要望(ニーズ)に応えている。

① Invention
インヴェンション

発明

INVENTION

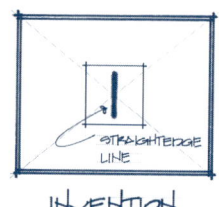

建築家はデザイナーにすぎないと思われがちである。だが、建物の形状に線や造形要素をレイアウトする以上のことをなしている。独創的な何かを想像しているのだ。この点で建築家は、発明家である。

発明家は、必要に応じて、それまでは存在しなかった何かを創造する。米国特許商標庁に従えば、実用特許、意匠特許、植物特許という3種類の特許権がある。建築家は特許を届け出ていないように思われるが、じつは実用性をもつものを創造している。発明を行っているのだ。すべての建物、すべての住宅、すべての摩天楼、建築家がつくりだすすべてのものは、独創性をもち、かつ実用性を提供するならば、それは発明なのである。クライアントから提示された要求の総体、つまりプログラムをもとに発明されたのが、建物なのである。

クライアントのために、建築家はクライアントが自分ではできないことを行う。設計をつうじてプログラムの課題を解決する。建物ごとに実現された固有の機能性こそが、真の実用性なのである。有利、有用、有価値であるとき、実用性というクオリティをもった「もの」となる。きちんと設計(デザイン)されたときに、こうしたクオリティを満たした典型ができ上がる。建築家はクライアントから示されたプログラムを引き受け、空間、空間のつながり、空間を定義する建物を構想(デザイン)する。建物は投資に適った収益を上げては

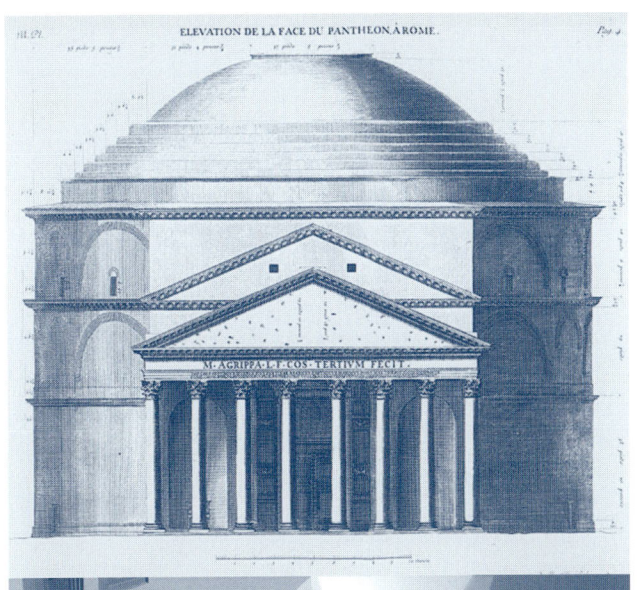

45　発明

げてはじめて、クライアントにとっては有用な存在となる。発明家が新製品の開発によって問題を解決するように、建築家は新しい建物を設計することでクライアントのプログラムに対処する。その過程で、それ自体が発明ともなる新しい問題解決の方法を発見することもある。

扉：J. G. ヘックの『図解百科事典』に描かれたアテネのペリクリス音楽堂(オデオン)の再建案（1849年作成）は、革新的な屋根の形状とドーマー窓の連なりを特徴とする極度に単純化された外観をもつ　前ページ上：ローマのパンテオン神殿は126年にハドリアヌス帝の命で建てられた。この類のない偉業は、世界中に同じような建物を出現させた。鉄筋コンクリート構造ではない世界最大のドーム構造物であり、ドーム屋根の外側のコンクリートのリングは、外側に広がる応力に抵抗する反力を補強している　前ページ下：パンテオン神殿の内部。目には見えないが、外殻の厚さは上部に向かって薄くなっている。コンクリート内の骨材は上部に向かうほど小さく、軽くされている。そして凹んだ格天井と天頂の円い穴は重量の軽量化に寄与している

J *Juncture*
ジャンクチャー

接合

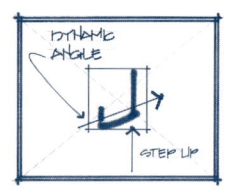

JUNCTURE

建築はさまざまな材料を構成していく匠(アート)である。材の構成は、建物の強さ、耐候性、美しさに直結する。世界の一部の地域では、シェルターの提供が建築の最も重要な課題となる。風や地震が決定要因となる地域もある。

水は建物にとって最も油断のならない敵となる。水が内部に侵入すると、建物は内側からゆっくりと腐っていくことになろう。風が建物の一部を吹き飛ばすと、空飛ぶ危険物となる。地震は建物を半壊や全壊に導く威力を秘めている。

頑丈だが鈍重とはならない、耐候性は確保するが豊かな生活のために内部と外部を連続させる、材はしっかりと結合するがディテールは繊細かつ美しく仕上げる、といった絶妙なバランスが建築には求められる。各部位の構成は、安全と快適性を第一とするが、優雅さと洗練も実現しなければならない。接合部は見過ごされがちな部分だが、訓練された目で見ると、建築家としての技量と美しいものをつくろうとする意思が宿る場所として、重要な見どころである。

優雅さは、壁面に穿たれた窓、ファサードでの異なる材の取り合い、構造部材の接合部、家具の仕上げなど、目に見えない部分のディテールにも見いだせる。建物全体をつうじての接合部の処理は、よい作品になるための必要な要素である。

建築写真家ジュリアス・シュルマンの撮影したロサンゼルスのスタール邸（1960年）の有名な一枚から作成したイラスト。この住宅の設計者はピエール・コーニッグ。抑制された繊細な接合部が、素晴らしい眺望を際立たせる

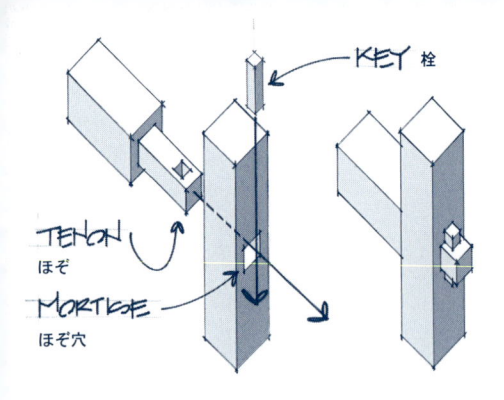

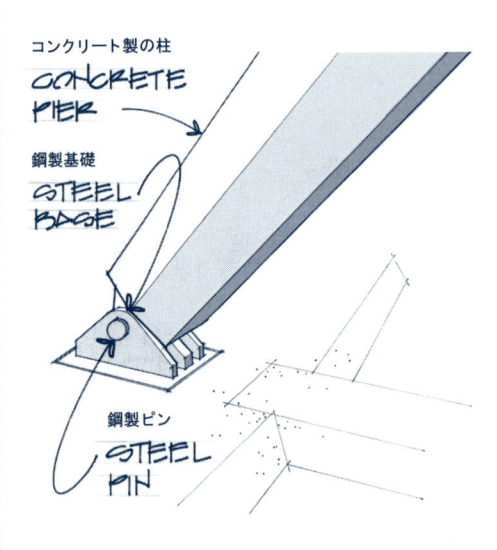

上：アーツ・アンド・クラフツ様式の家具に見られるほぞ、ほぞ穴、栓で構成される基本的な仕口のアイソメ図。この接合法の応用は木工製品やティンバーフレーム構法に見られる　下：サンチャゴ・カラトラバのミルウォーキー美術館新館のディテール。必要な強度を確保しながら優雅でミニマルに仕上げられた接合部

Ⓚ *Kevin Bacon*
ケヴィン・ベーコン

ケヴィン・ベーコン

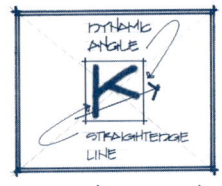

ほとんどの人が「六次の隔たり」という言い回しを耳にしたことがあるに違いない。これは、知り合いを6人までたどっていけば、誰もが友人になってしまうという仮説である。「ケヴィン・ベーコンとの六次の隔たり」という言い回しも聞いたことがあるかもしれない。ケヴィン・ベーコンは多くの映画に出演しているので、6作品の共演者をたどれば、いかなる俳優も関係づけられるというものである。

　大学院でエドモンド・ベーコンという教授の授業を受けた。ご明察のとおり、俳優ケヴィン・ベーコンの父親である。老ベーコン先生は、建築家であり、教師であり、作家でもあった。長年フィラデルフィア都市計画委員会に勤務し、ペンシルヴァニア大学で教鞭を執っていた。

　講義のなかでベーコン先生は「手を動かす内（なか）からはじめてアイデアは生まれる」と述べた。この言葉は、建築家としての私に多くのヒントを与えてくれた。つまりベーコン教授は、思考そのものからは何も生まれず、何かを引き起こそうとするならば、一生懸命に手を動かさなければならないと言っていたのである。

　住宅のデザインから新製品の開発に至るまで、いかなるプロジェクトに関わっていようと、貴重なアイデアはどこからともなくわき上がってくるものではない。天の啓示によってアイデアをひらめいた人々の話を耳にする

が、これは一般的ではない。むしろ手を動かす作業の積み重ねのなかから生まれた、小さなアイデアをだんだんと育て上げていくものである。

この作業をつうじて、アイデアそのものがフィードバックされながら進化していく。つまり、一心不乱な作業のなかから偉大なアイデアは、ゆっくりだが確実に姿を現し、新しく、よりよい方向へと導いてくれる、とベーコン教授は言いたかったのである。建築家にとっての激務とは、文章を書くこと、スケッチすること、図面を描くこと、模型をつくること、共同作業をすること、そして、建設工事がはじまる前に多くの見直しをすることである。よいアイデアは激務と虚心から生まれいずる。

前ページ：フランク・ファーネスはヴィクトリア朝時代のフィラデルフィアを代表する建築家である。多作であり、独創的な建築家だった。残念なことに多くの作品はすでに取り壊されている。そのマニエリスムの作風は、力強く、大胆である。伝統的な様式に反旗を翻した開拓者だった。ペンシルヴァニア芸術アカデミーとペンシルヴァニア図書館は、いまだフィラデルフィアに健在である。これは1900年に撮影されたペンシルヴァニア大学図書館の写真　上：1879年に竣工したプロヴィデント・ライフ＆トラスト社ビル。やはりファーネスの作品

L *License* 免許
ライセンス

LICENSE

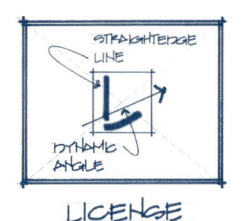

ソフトウエアアーキテクト、インフォメーションアーキテクト、システムアーキテクト、キャンペーンアーキテクト、あるいはイベントアーキテクトと称する人たちがいる。しかし、もともと建築家（アーキテクト）とは、「RA（登録建築家）」と認められなければ名乗れないのである。建築家という称号は、プロのなかのプロの証（あかし）として用いられてきた。しかしながら最近では使用法がルーズになり、建物を設計する本来の職種からは外れた職業に対しても、使われるようになった。

　真の意味での建築家になるためには、長い道のりが求められる。第一の関門は大学に進むことだが、これがなかなか容易ではない。大きな大学でも建築学科の定員は少なく、倍率も高い。アメリカの大学では建築学の学位を得るまでに、5年から8年が必要となる。

　各州が建築家の免許を与えるにあたっては、固有の条件をつけている。もしNAAB（全米建築課程認定委員会）の認可を必要とする州ならば、大学卒業後にIDP（インターン建築家養成計画）のプログラムを受講することになるだろう。IDPはNCARB（全米建築家登録委員会協議会）が運営するプログラムである。これは大学教育の延長であり、インターンとしての経験が記録される。最短で3年間だが、それよりも長くかかるのが普通だ。

架空の建築家の印鑑(スタンプ)。これはエンボス印である。建築家は自らの設計であることを証明するために、図面、仕様書、報告書に押印する。行政に設計の確認を得る際にも押印が必要となる

これを終了するとARE（建築家登録試験）の受験資格が得られる。AREは全米で一元管理されており、7分野の試験からなる。すべての試験に合格すると、設計事務所開業の有資格者と判断される。

NCARBの有資格者の記録は、他州で登録建築家になるときにも活用できる。免許を維持・更新するためには、各州で独自の費用や規定が導入されている。官僚的ではあるが、目的には適う。免許が発行されれば、たとえばAIA（アメリカ建築家協会）をはじめ、さまざまな職能団体に参加できる有資格者となり、LEED資格［Bの項目を参照］も得られよう。

建築の実務を行うために、免許の取得が必要となる州と、そうではない州がある。勤務先で必要とされないため、建築家免許の取得をためらっている友人も少なくない。一方で試験に合格するため一生懸命に勉強し、「登録建築家」となるために何年も費やした知人もいる。建築家免許の必要性は、職場での職階、責任の範囲、行政単位での設計図面への署名・押印の規則、個人的な目標に左右される。

報酬は、建築家として登録されるとわずかながらも上昇する傾向にあるが、収入そのものはほかの資格職能（医師、弁護士）に比べて少ないのは確かである。

RA : Registered Architect
NAAB : National Architectural Accreditation Board
IDP : The Intern Development Program
NCARB : The National Council of Architectural Registration Boards
ARE : The Architectural Registration Examination
AIA : The American Institute of Architects

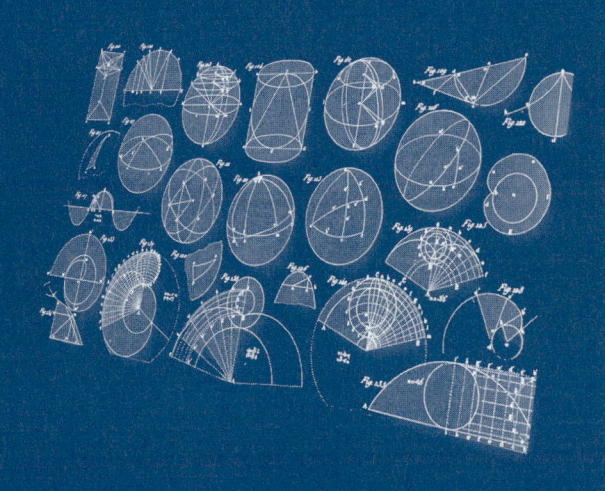

M *Mathematics*
マセマティックス

数学

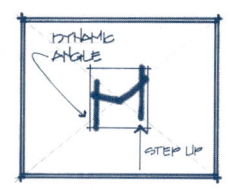

MATHEMATICS

建築家は、寸法、計測、計算を相手とする職業である。つまり、数学を取り扱う。繰り返し語ってきたことだが、数学が不得手という理由だけで、建築を学ぶことをあきらめる人がいる。建築家になるためには数学家でなくてはならないか。そんなことはない。それでは数学に慣れ親しんでいるべきか。そのとおりである。

建物を記述するひとつの方法に数値、つまり寸法と計算を用いることがある。建築家は、数値を用いて建物が記述された場合の読み取り方に精通し、建物の構造システムについての計算法の妥当性を判断しなければならない。構造技術者が、構造システムと構造要素の決定に必要な計算を助けてくれるだろう。数学と物理学は、建物が実現可能であることを確認するために必要なのである。

建物のデザインのなかには、複雑な数学的計算を必要とし、数学と物理学に関する建築家の知識を確かめる試金石となるものもある。建築を学ぶ学生は構造システムの背後に潜む原理を理解しなければならないから、数学や物理学という科目を学ぶのである。

よい設計(デザイン)の判断は、自然界、物理学、数学への理解に依拠する。一般的に数学は、人工物の能力の限界を量るために用いられる。もし建築家になりたいと考えているのであれば、数学に対する最低限の能力が求めら

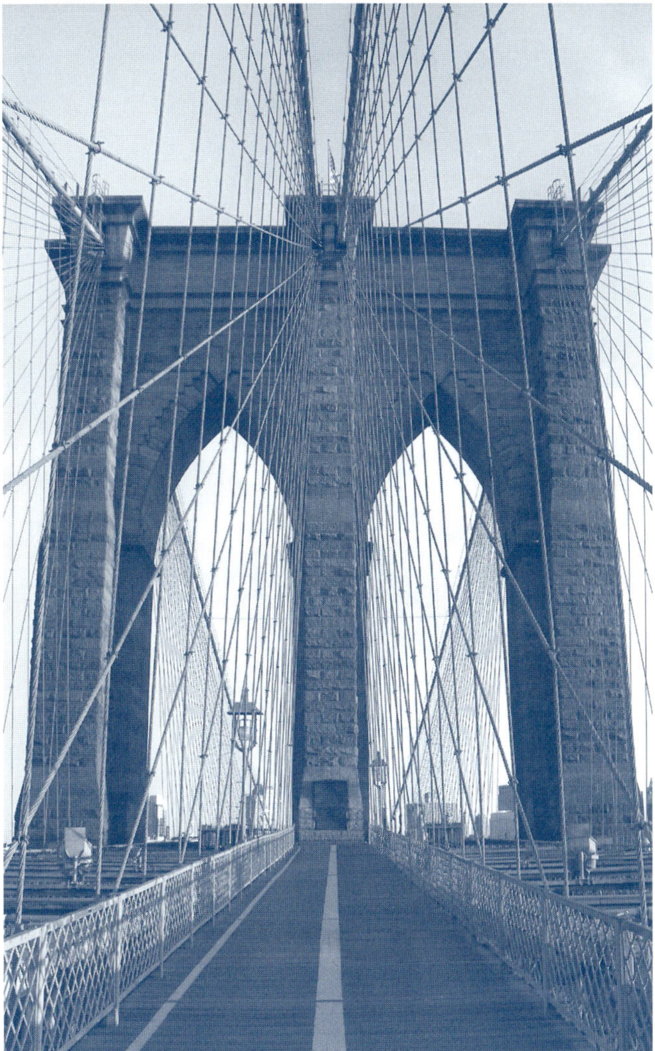

れることになる。その能力は、大学で構造系の科目を受講するときに、そしてプロとして寸法を決めるときに、決め手となろう。しかしながら建築家は、構造システムの複雑な数学的解法に助言を求めるべく専門家を雇うことはできる。

前ページ：ニューヨークのブルックリン橋（1883年竣工）を設計した土木技術者ジョン・ローブリングは、プログラムの要求よりもはるかに堅固な構造物とするために、数学的計算を用いた。現在も6車線の車道と歩行者用舗道を供用している。ブルックリン橋は、アメリカの象徴的な構造物として、技術と建築的知性の融合を示している。ネオゴシック様式の美学と構造的要求をともに満たしながら、交通という公共事業の新たなテーマと、郊外化という新しい時代の到来を、この橋は告げたのである

| **N** | ***Narrative***
ナラティヴ | 物語 |

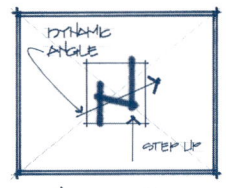

建築は、形態、材料、日常での体験をつうじて、物語を伝えることができる。それが何か、それがどう機能するかを表現するのである。ロバート・ヴェンチューリは、大胆でわかりやすいイメージが端的に表出された建築を示す「あひる」という言葉をつくりだした。要するに、内部の機能をあからさまに表現した建物のことである。

　その実例が、カンザスシティの公共図書館である。その駐車場は、書棚に収まる本であるかのようにつくり上げられている。オハイオ州ネワークにあるバスケットの製造メーカー、ロンガバーガー・バスケットの本社ビルは、まるで巨大なバスケットである。こうした事例では、機能と形態の連想関係は、過剰といってもよいほど明白である。建築家はこれらを「しゃれた冗談」と言い表す。建築家のいたずらとは、絶妙かつ巧妙に意味を付加することだからである。熟慮された材料の選択と形態は、成功すれば建築の体験をより確かなものとする。

　より渋いかたちで物語性を伝える建築を思い起こすとき、フランク・ロイド・ライトのニューヨークにあるグッゲンハイム美術館が思い浮かぶ。

右ページ上:フランク・ロイド・ライトのニューヨークにあるグッゲンハイム美術館の道路側外観
右ページ下:インテリア。来館者は巨大なスロープを上りながら、壁沿いの芸術作品を鑑賞する

65　物語

内部の螺旋を描く動線が、外観にも物語られている。レンゾ・ピアノとリチャード・ロジャースのパリのポンピドゥー・センターは、色分けされた外観によって、設備システムのありさまが物語られている。外観に見られる色彩は、設備システムの内容に対応しているのである。給排水はグリーン、空調はブルー、黄色は電気、赤は来館者の動線といったふうである。また、同じくロンドンにあるロジャースのロイズ本社ビルに用いられたステンレス素材は、再保険を引き受ける保険組合という信頼できる組織のイメージを醸しだしている。

古典的なファサードや列柱は、形式、正義、壮大、儀式といった性格を物語る。オフィスビルや工場は、機械と従業員の重複する役目を映しだすかのように、外壁と開口部の繰り返しのパターンで構成された外観をつうじて、より平凡な物語を伝えよう。宗教施設はしばしば教義を物語り、信者の気分を天国へと誘う。さらに建物の壮大な高さとステンドグラスは神の尊厳を体現する一部となり、それを体感させるものともなる。

ときに建物は、具体化された物語そのもの、つまり機能の語り部ともなる。また、いかなる機能の建物なのか計りしれないときもあり、改修によって新しい機能が加わった場合などに生じる。古い学校施設、教会、納屋が住宅やレストランになり、工場倉庫がロフト付きアパート、芸術家のアトリエ付き住宅、ギャラリーになる。建物の外観は内部の機能を素直に反映させる必要はないが、様式の繊細さ、材料、形態によって、建築家のメッセージを強調することができる。

オリンピアのゼウス神殿

O *Obsolete*
アブソリート

時代遅れ

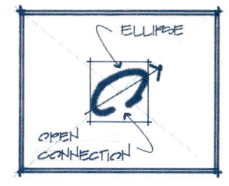

ピラミッドは古代エジプト王・ファラオの墓として建てられた。いまの世にはファラオはいない。もちろん指導者はいるわけだが、巨大な記念建造物(モニュメント)(第18代アメリカ大統領グラントの墓のように、凡庸な例外もないわけではないが)に埋葬されたりはしない。建物の種類(ビルディングタイプ)は、さまざまな理由から「時代遅れ」になっていく。社会は変化し、富は拡大し、テクノロジーは進化するのだ。洞窟住居、城館、要塞、記念碑、地下墓所、電信局、キャリッジハウス［もともと馬小屋として建てられた離れを改造した住宅］、ドライブ・イン・シアターのいずれも、もはや時代遅れである。いまや、屋外のドライブ・イン・シアターは家庭のホームシアターに、城館はマックマンション［郊外にある品のない画一的な外観の大邸宅。マクドナルドと大邸宅を組み合わせた造語］に、要塞はオフィスビルに取って代わられている。

　ごく最近まで建築家は、計算をするには計算尺を、寸法を見るにはノギスを用いていたが、いまでは電卓とデジタルメジャーに代わっている。鉛筆、消しゴム、テンプレート、コンパス、三角定規、テープ、紙、平行定規はあいかわらず使われているけれど、その頻度は少なくなっている。手描きのレタリングは失われた技芸となり、T定規を用いる建築家は絶滅危惧種である。

Obsolete　アブソリート

巨大な製図机は、建築家を象徴するための家具と成り下がっている。ノートパソコンで図面を描けば机も、無用と化す。はじめて働いた設計事務所では、自分たちでバルサ材で模型をつくり、インクペンで図面を描いた。いまでは模型業者に発注し、レーザー光線で加工されてプラスチック製模型ができる。また、コンピューター上で視覚的な3次元グラフィックが作成され、写真上で合成される。

　建築家の仕事は、何かしらユニークなものをつくりだすことである。いまでは住宅やあらゆるプレファブ建物の「いかした(エクスクルーシブ)」デザインを、書物やウェブサイトでいくらでも見ることができる。デザインの作風を手軽に一覧できるようになったため、クライアントにとって建築家はよりどりみどりとなった。発注元となる建設産業は、建築家やデザイナーを雇う一方で、クライアントの代理人となるプロジェクトマネージャー、短い工期と適切な工費の実現のためにさまざまな建設職人や法律担当者なども雇い入れる。いずれも効率追求のためである。建築家が時代遅れになる日も、そう遠いことではないのかもしれない。

左ページ：ヒュー・フェリスは建築家であり、デリネーター（建築透視図専門の画家）であった。今日のコンピューター画像はフェリスの技術を時代遅れとしている。その手描きの作画は、建築透視図の歴史で頂点となった瞬間を示している。建築的な価値（光と影の対比）の芸術的技法について、深い造詣をもっていた。ニューヨークのデイリーニュース・ビルを描いたこの図は、1930年に描かれたものである　次ページ：1922年にフェリスは、とある建築家からニューヨーク市の新たなゾーニング法の実態を描く透視図の作成を依頼された。この法律は、建物は近隣への日照を阻害するといったそれまでの常識を時代遅れにした。階段状にセットバックしていく立面は、街路により多くの日照をもたらすためである。フェリスの描いた透視図は、ゾーニング法の定義するかたちを視覚化したばかりでなく、高層ビルの新しく普遍的なビジョンをもたらしたことでも知られる。この図版はフェリスの有名な透視図を再現したもの

72   *Obsolete*   アブソリート

P *Proportion*
プロポーション

比例、つり合い

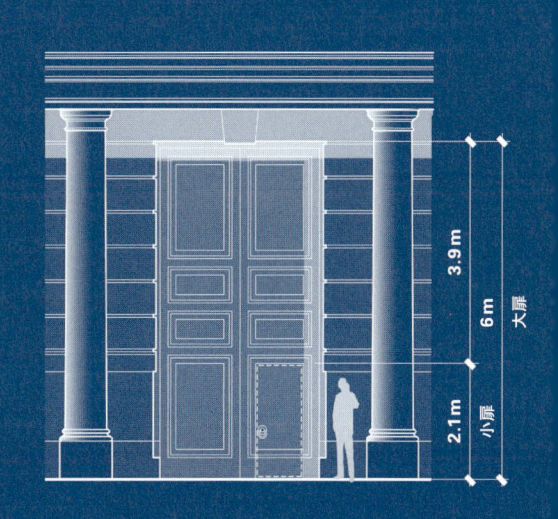

3.9 m / 6 m 大扉
2.1 m 小扉

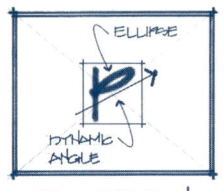

つり合い(プロポーション)は、あるものとほかのものとの関係性である。建築家は、曖昧だが的確なかたちで、日常生活を司る要素の寸法に言及するとき、「尺度(スケール)」という言葉を好んで使う。

　たとえば扉を考えたとき、210cm程度の高さを期待する。建築家が高さ6mの扉をもつ建物を設計する際、通常の扉での経験に基づき使用者に対応してもらえることを期待する。建物が大きければ、高さ6mの扉は遠くから見ると適切な寸法に感じるだろう。しかし、建物に近づくと、そうした扉は建物にとっては適当であっても、人間にとっては大きすぎてしまう。そこで建築家は、6mの高さの扉を擬したパネルを設け、その下部に通常の大きさの扉を設けることで、巨大な建物の規模を操作することとなろう。これにより設計者は、建物の大きさに見合った、しかし接近した訪問者にとっては圧倒的に感じる巨大な玄関扉の幻想を実現する。巨人のための建物！　利用者はその意図に従って建物に対応することになるので、建築家は建物のあらゆる部分の大きさを決める方法を知らなければならない。

　エジプトのピラミッド、ギリシャの神殿、パンテオンや闘技場(コロッセオ)といったローマの建物は、比例(プロポーション)の操作によって、権力や権威を高めた。これらの建物のスケールは、当時の庶民の建物と比べると、壮大というしかない。の

ちに、ゴシックやルネサンスの建築家は、大聖堂や宮殿で同様なことを行った。さらに時代は下ってモダニズムが展開するなか、ディテールの消えた空虚なファサードに置き換えられ、大規模なカーテンウォールが用いられるようになった建物は、ヒューマンスケールを逸脱するものとなった。量塊的な(マッシブ)スケールに定義された形態は、かつてエジプトやギリシャの建築家が行っていたこととなんら変わりはない。権力や権威の誇示、あるいは自然の超克の表現となっている。

　ジャン・ヌーヴェルは、パリのアラブ世界研究所やバルセロナの色彩豊かなアグバル・タワーで、立面のスケールを曖昧とするカーテンウォールを用いている。I. M. ペイのボストンのジョン・ハンコック・タワーは、比べるほど小さく、古く、美しい細部をもつH. H. リチャードソンのトリニティ教会に隣接する。ジョン・ハンコック・タワーは、あえてガラスの巨大な立面に教会を映しださせている。それは、プロポーションの相違に対する赤裸々な回答である。

　同様な効果をノーマン・フォスターのニューヨークのハースト・タワーやロンドンのスイス再保険本社ビル（愛称「ピクルス」）にも見ることができる。レム・コールハースはシアトル公共図書館で波動するスケールレスのボリューム群を用い、中国の中央電視台ビルではマッシブで、反転された馬蹄形のキャンティレバーを用いている。シーザー・ペリのマレーシアのクアラルンプールに建つペトロナス・タワーでは、ヒューマンスケールを識別する手がかりは、垂直に上昇する無数の環によってすべて消し去られている。

　こうした傾向の対極には、フランク・ロイド・ライトのような建築家がおり、ヒューマンスケールに見合ったプロポーションをもつ建物をものにし

ている。タリアセン・ウェストや落水荘といった建物の天井の高さは、快適さを感じさせるが、やや低すぎるかもしれない。木材やコルクといった内装の仕上げは、やすらぎやあたたかみを与えている。

　ル・コルビュジエは、人々の生活によりよい場をつくることを意図して、身体寸法に基づいたプロポーションを提供する独自の「モデュラー」システム（＝モデュロール）を考案した。これをピロティをもつ建物、屋上庭園、自由な平面計画で実現した。ル・コルビュジエの成功については議論の余地がある。しかしながらその作品は、禁欲的だがヒューマンスケールで、明るく、快適な作風をもつリチャード・ノイトラといった近代的な住宅建築家の道を切り拓いた。

　建物のプロポーションは利用者に対して、また建物のスケールに向けて、建築家の最重要な表現手段となる。

扉：モニュメンタルな扉と並立するヒューマンスケールの扉　上：ミース・ファン・デル・ローエが設計したワシントンD.C.のマーティン・ルーサー・キング・ジュニア記念図書館は、じつはきわめてモニュメンタルな建物である。人体モデルAは、この建物の大きさに適していると思われるけれども、じつはそうではない。Bが実際の人間の大きさで、身長およそ180cmである。背後の1階開口部（窓）の高さは約540cmとなる

Q

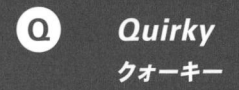

Quirky
クォーキー

奇抜

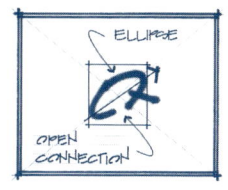

溝彫^{クォーク}りとは建築の専門用語である。視覚的な立体感をもたらすため、表面に刻まれたV字型の溝のこと。溝彫りを用いて陰影をつけることで、表面や物体そのものが明瞭化される。

　建築家は奇抜^{クォーキー}な人種である。黒い洋服を好み、スコットランド風格子柄のセーター、サスペンダー、蝶ネクタイといういでたちで現れる。多くの建築家は同じ気取ったブティックで服を買っているとさえ思える。また、はっきりとしたフレームの眼鏡を好む。ル・コルビュジエ、エーロ・サーリネン、フィリップ・ジョンソン、ダニエル・リベスキント、ピーター・アイゼンマン……みんな眼鏡をかけている（いた）。

　ル・コルビュジエはときに全裸で絵画を描いた。フランク・ロイド・ライトは技術者の助言を無視し、落水荘の張り出し部分への補強を拒否した。ライトは肩掛けマントとベレー帽を愛用した。オスカー・ニーマイヤーは、99歳になる直前に秘書と結婚した。コープ・ヒンメルブラウの建築家は、目を閉じて図面を描くことで知られている。レオン・クリエとレベウス・ウッズは、ふたりとも建築家であるにもかかわらず、未完の計画案で世に知られている。レム・コールハースは水泳を日課としている。そしてルイス・カーンは、どこから話しはじめてよいかもわからないほど奇抜に満ちた数奇な生涯を送った。

奇抜な建物は世界中に建てられている。フランク・ファーネスは、力強く、特異な様式で因習に挑戦した。アントニオ・ガウディは一歩進んで思考し、真に独創的な建築をつくった。その作品は常軌を逸しているとしかいいようがない。ガウディは1883年に、最も有名となる作品から仕事をはじめた。バルセロナのサグラダ・ファミリア教会である。生涯をかけてデザインを続けたが、死後85年以上を経たいまもなお建設中である。

　フランク・ゲーリーのビルバオ・グッゲンハイム美術館は、壊れた建物をもう一度誤って組み上げたようだ。サンチャゴ・カラトラバの建築は、レベウス・ウッズのドローイングと同じく別世界のものに思える。その図面やスケッチ、模型は、映画『スター・ウォーズ』に出てくる建物や空間を表現しているかのようである。オスカー・ニーマイヤーのデザインした建物は宇宙船、サラダボウル、眼球のような形状である。高松伸の未来派的な建物は、機械とDNAが混在しているようである。コープ・ヒンメルブラウのウィーンのファルケン通りの建物は、世界一ユニークな増築である。小さな構造体が、伝統的なウィーンの建物の上に鎮座している。法律事務所の会議室として機能するのだが、そのデザインはあらゆる法律に反抗している。

上：1978年にフランク・ゲーリーは、カリフォルニア、サンタモニカの自邸で一風変わった作業を行った。郊外立地のマンサード屋根の一戸建て、ごく普通の2階建て住宅を土台にし、構造枠組みと垂木まで丸裸にしたうえで、その既存構造体を波形鉄板、合板、ガラス、エクスパンドメタルで覆った。住宅を彫刻作品へと一変させたのだ　次ページ：1949年にフィリップ・ジョンソンは、最も著名なクライアントたる自分自身のために、代表作となる建物をデザインした。グラス・ハウスと呼ばれる自邸である。ジョンソンは多くの点で謎の人であったが、文字通り透明な住宅を暮らしの場に選んだ

82　*Quirky*　クォーキー

R *Routine*
ルーティン

日常業務、ルーチンワーク

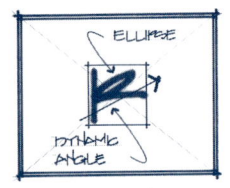

建築家の日常業務(ルーチンワーク)とはどのようなものだろう。事務所では多くの作業を行う。まず、クライアントに提示する図面などを作成し、仕事を獲るために設計競技に参加する。初期の段階ではいかなる計画であれ、敷地に関わる資料の収集とその分析が必要となる。配置計画の検討、斜線制限や用途規制といった法規制の検証、州・自治体レベルで追加される制限の確認といった作業である。

　これに続いて、コンセプトとなる素案をクライアントに示すために、図式的な設計案をつくり上げる。この時点でディテールまで精密に描いた図面を作成することもある。そして、材料の調査や建築法規とゾーニングの法令遵守について再確認を行う。協働する専門家から得た、構造、機械設備、電気、AVシステム(オーディオビジュアル)に関する意見を計画案に取り込む。

　計画案が承認されると、自らの手で、あるいはチームを組んで、実施計画に取りかかる。これは各階の平面図、立面図、断面図、詳細図、使用する材料を指定し、そのほか特記事項も記した仕様書が一式となったものである。この設計図書一式は、計画の工費、関与する専門家の人数、規模、要求されるディテールの水準などに応じて、数枚で済むこともあれば、何百枚にも及ぶこともある。

　ここで協働する専門家が、必要に応じて助言のために関わることにな

85　日常業務、ルーチンワーク

る。建築家はあらゆることをコーディネートしていく。実施図面一式が完成すると、その計画は入札にかけられ、契約交渉が行われる。そして、施工業者が選ばれる。

　建設工事がはじまると、現場監理を行い、現場での打ち合わせに参加し、必要な指示を行う。工事中は、施工図面の作成で建設業者をサポートする。工期と人工(にんく)は、計画の規模や内容に大きく左右される。週日はこれらすべてを行うために費やされる。日課は単調になりがちだが、日々の業務(ルーチン)のなかに継続的な挑戦と喜びを発見する機会が、少なからず潜んでいる。

扉：建築家はコーヒー好きである。アメリカの愛飲家は、1日平均3.1杯のコーヒーを嗜む　右ページ：今日の建築家は包括的な建築書を読めるが、古代ローマ時代はそうではなかった。当時の建築家の日常業務は、専門技能に集中し、明確で限定された建築言語を実践することであった。5つの古典的柱式(オーダー)は、比例、ディテール、使用法に関するルールをもち、各柱式は、別個の柱基、柱身、柱頭と水平帯(エンタブラチュア)をもつ。左から右へ、上から下へ。トスカーナ式、ドリス式、イオニア式、イオニア式ディテール、コリント式、コンポジット式オーダーの柱頭とエンタブラチュア

87　日常業務、ルーチンワーク

S *Style*
スタイル

様式

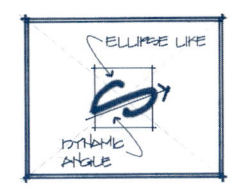

様式とは、商標、種類、品種、等級、類型、あるいは銘柄(ブランド)を意味する。ブランドを与えられた品物(アイテム)は、飲料から自動車まで普遍性を帯びる。

建築もブランドのようなものになりうる。ヴェルサーチのような豪邸、ラルフ・ローレンのような岸辺の家、リーバイスのようなカウボーイ牧場といった具合である。ほかの製品と同じく、建築はさまざまな様式でつくりだされている。これは太古の昔から、他人が暮らし働く場所をつくるために多くの方法が見いだされてきたことを意味する。

ときに建物は、高度に様式化が図られることで、建てられた時代を正確に表すことがある。この意味合いとディテールは、意図的なメッセージを明らかにする。かたや一般性をもつこともある。この場合、デザインの意図は不明確になるが、さまざまな時代や場所に適合することになる。

通常、建物の外観は、何を表現したいのかという意思を映しだす。いくつかの様式は、古代ギリシャ、ローマ、エジプトといったように過去の文明と関係づけられて分類される。ルネサンス、バロック、ヴィクトリア朝といった特有な思想的・社会的背景をもつ時代を起源とする様式も知られている。バウハウス、デ・ステイル、デコンストラクティヴィズムといった建築の流派や運動体が生みだした様式もある。

どのような名称をもつにせよ、ほとんどの建築は分類可能であり、そう

した分類は建築史・建築理論の一部をなしている。建物を建てようとするとき、建築家は様式を選択する。既存の様式を再利用しようとする建築家も、新しい様式を生みだそうと試みる建築家も、クライアントの要望に応えて様式に手を加え、より折衷的にすることで「ブランド」としての特徴をつくりだそうとする建築家もいる。

様式的な造形要素は順応性をもつ　上：ギリシャのパルテノン神殿の西側外観　下：ギリシャ復興様式に居間の改修を望むクライアントに提示したスケッチ。ギリシャ時代のドリス様式の柱、溝彫りを施した付け柱、石膏板の天井、新しい木製家具、歯飾りの回り縁が提案されている

T *Translate*
トランスレイト

翻訳

TRANSLATE

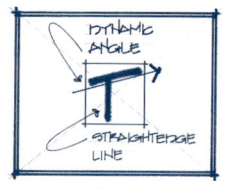

　画家は主題に基づき、モチーフを翻訳する。後期印象派の画家フィンセント・ファン・ゴッホは、主題を明確にするために独特の筆づかいと色彩を用いた。自らの絵画についてこう語っている。「私の最大の望みは、そうした不正確さを表現する方法を学ぶことです。そのような変奏、再構成、現実の改変は、よい結果を招くこととともなります。いわば虚構なのですが、文字通りの真実よりも真実ともなるのです」*。

　ファン・ゴッホは主題を見いだし、それを翻訳し、絵画に描いた。「文字通りの真実よりも真実」が表現されることを求めた。彼は一枚の絵に再構成することで、「もの」に新たな生命を吹き込んだのである。このような作業を創造する過程でゴッホは、翻訳をつうじて類を見ないまでの意味をもたらした。これは建築家が行う作業と同様である。

　建築家は利用者の夢(ビジョン)を現実の空間へと翻訳する。翻訳者がある人物の言葉を受け取り、他者へ明確に伝達するように、建築家は施主の欲望を、

---

*フィンセント・ファン・ゴッホ、弟テオへの手紙、1885年7月、書簡515
右ページ上：ファン・ゴッホの『星月夜』。夜空をダイナミックにとらえている。星と月が輝き、空間は激しく渦巻いている。丘と樹木はうねっている。すべてがのたうち、光っている　右ページ下：フランク・ロイド・ライトは、施主J.カウフマンのペンシルヴァニア州ベア・ランの自邸への要望を、アメリカで最も著名な住宅へと翻訳した。斜面に位置し、滝の上にそびえ、四方へと迫り出していく

93　翻訳

意味と実用性をもつ建物^(オブジェクト)へと翻訳する。そのときの建築家の道具は、想像力、言葉、図面、模型である。建築家は翻訳を行うためにこれらの道具を使いこなす。クライアントとの最初の打ち合わせでは、「プログラム」について話し合うことになる。この際にクライアントの望むすべての情報が打診される。

　建築家はプログラムを咀嚼し、建物を設計する。設計するのが住宅であれば、プログラムには浴室の数、寝室の数、キッチンへの希望、駐車台数、仕上げ、備品、家具などを含む。工場や商業施設であれば、メインの機能をはじめ、オフィス、搬入場所、休憩室、重役室、会議室などを含むことになる。簡単にいえば、建築家はプログラムを引き受け、そこから解決策を発見する。

　そして建設業者はこの解決策を引き受け、労働力と材料を用いて、建物をつくり上げる。独自の解決策を生みだすことで建築家は、魂の一部を建物に吹き込むのである。さもないと、すべての建築家の作業は同じようなものになってしまうだろう。建築とはこのようなたぐいのものであり、建築家という職能が誕生したときから建築家は、プログラムを独自の方法で翻訳してきたのである。

　ゴッホと同じく、建築家の目標は自らの主題を発見することであり、クライアント、敷地、プログラムの解釈をつうじて設計案へと翻訳する。主題の文字通りの翻訳を行うこともできれば、ゴッホのように「文字通りの真実よりも真実」となる翻訳を行うこともできる。言い換えれば建築家は、単純にプログラム上の要求を解決するのみならず、それを超え、立地する環境をより豊かにすることで、クライアントの期待を超えた建物を設計することができる。

U *Use*
ユーズ

実用性

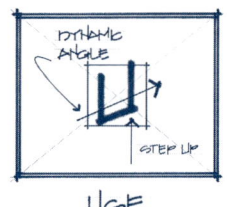

かつて就職試験の面接で、住宅で内外をつなぐ16か所について質問された。9か所しか答えられなかったため、望んだ部署に配属されなかった。このような質問は就職面接の場では珍しい。だが建築家という職能にとっては、本質的な問いである。

　建築とは創造性がすべてなのではない。適切に建物を機能させるための知識も必要となる。快適な執務空間を実現させなければ、使われることはないであろう。機械設備システムは、設置と運用のしかたが重要となる。すまいとなる建物で内外をつなぐ16か所について知ることは、実用性をもたらすためにすべての要素が関係づけられている原理を具体的に理解することである。

　建物は、適切な生活・労働環境を維持するために換気を必要とする。湿った環境では、水分の影響を受けやすいところの膨張や腐敗を防ぐために、湿度を低く保つ工夫も求められる。そのため建物には、暖房と換気設備は必須であるし、空調設備が導入される場合も少なくない。今日におけるアメニティは、すべて電気に寄りかかっているため、電気設備の配線、コンセント、導管、分電盤の一体的なシステムが必要となる。

　また、配管、換気口、ダクト、機械装置、吸気口、排気口、ボイラー、ポンプといった、複雑で設置後は動かせない機械的システムのネットワーク

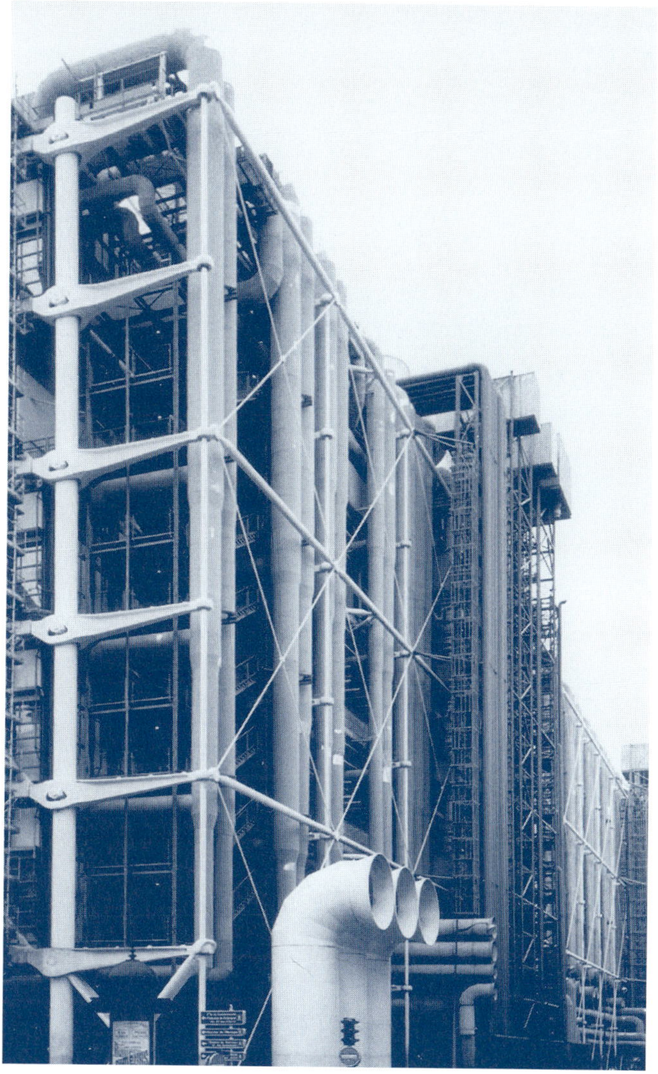

も必要となる。無数の結線、配線、スピーカー、テレビ、電話などを備えたAVシステムもいる。これらをすべて、床、天井、壁の仕上げのなかに隠し、見ばえを妨げないようにする。機能的で、使い勝手が熟慮された仕上げと機械設備のシステムは、建物の快適性と実用性をもたらすポイントである。

　後学のために、すまいの建物で内外をつなぐ16か所を紹介しておく。窓、扉、妻換気口、棟換気口、換気用越屋根(クーポラ)、軒下換気口、ボイラー煙突、通気管、浴室換気口、壁付け湯沸かし器の給気口、床下換気口、レンジフード用換気口、乾燥機用換気口、レンガ製薪暖炉の煙突、ガス暖炉の給気口、もろもろの床下配管のことである。だがこれ以外にもさらにすまいの内外をつなぐ部分が存在することは確かである。

前ページ：レンゾ・ピアノとリチャード・ロジャースによるパリのポンピドゥー・センター。この建物では内部と外部が反転している。外観はダクト、給排水管、配管、動線機器、構造システムで覆われている。その結果、増加した内部スペースは展示施設として用いられている

Vocation
ヴォケーション

天職

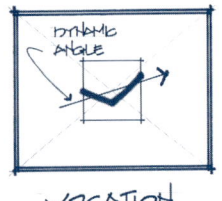

VOCATION

　一人ひとりの才能や魅力に導かれる職業を、天職という。建築を天職にしたいのなら、その長い道のりに向かう前に準備をしておく必要がある。数学を得意とすべきだが、それがすべてではない。芸術家である必要はないが、スケッチの才能は求められる。

　スケッチすることで、アイデアを素早く、明快に生みだせる。いまや、ほとんどの図面はコンピューターで作成されるため、手作業は時代遅れと思われかねない。設計図書を鉛筆と平行定規で作成する建築はまれとなったが、手描きのスケッチはまだまだ盛んだ。スケッチすることは建築用ソフトウエアでもできるが、着想（アイデア）を得るために一枚の紙やタブレット上に手描きで素早く描かれるスケッチの代役にはならない。スケッチが不得意でも習おうという意志があるのなら、建築家への道の妨げにはならない。スケッチの腕前は、ほかの技術と同じく、訓練によって上達できる。

　よい建築家になるためには、言葉の才能が重要となる。建物のデザインについて説明するための重要な手段となるからだ。営業職であり物書きであるという、建築家が果たすべきふたつの側面を強調したい。

　建築家はよきセールスマンでなければならない。仕事を得るためには、みずからと経営する会社を売り込まなければならないのである。紙やコンピューターの画面上にアイデア、意図、ディテール、解説を表現すること

も業務の一部である。だから建築家は物書きでなくてもならない。第三者が正確に施工するのに、必要十分なかたちに計画案をまとめ上げねばならない。

　多くのコンサルタント、デザイナー、建設業者、法律家、クライアントと文章や会話をつうじて協働することも実務の一部である。契約内容、打ち合わせ日程、設計図書、仕様書、発注の変更などを取り仕切り、必要に応じて見直しをする。だから、言葉の才能に恵まれているとすれば、それに越したことはないのである。

　創造性もまた、建築家になるための重要な一部である。創意に富んでい

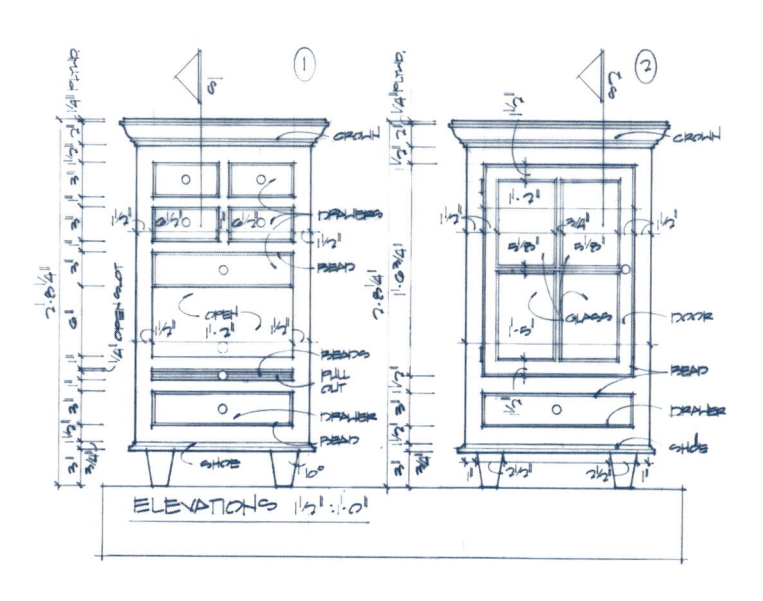

サイドテーブルの製作用図面。積算とショップ向け図面の元図として使用される

るだろうか。想像力に満ちているだろうか。こうした能力は、デザインの重要な局面で問題解決をする一助となろう。問題解決とは、アイデアを出し、それを具体的なもの、つまり建物へと適合させることである。この作業は、調査研究、スケッチ、図面作成、模型製作、そのほかの表現行為のあらゆる段階ごとに求められる。問題解決は、具体的なものへ結びつくアイデアを生みだす。

　成功するための杓子定規なルールなどない。創造性をもち、図面は上手だが、数学と英語が不得意という人物であっても、偉大なる建築家になれるかもしれない。逆にこれら4つの領域すべてに優れていても、歴史に残るデザインができるとは限らない。技量の有無を超えて、建築家としての高い意識と修養が求められるからである。これは、誠実であるということに言い換えられる。誠実であることは、建築家として成功するために必須である。

右ページ：物置小屋のエスキース図面。この計画案は、より大きな車庫へと発展した。この手描き図面は、スケッチや打ち合わせとともに、クライアントがプログラムを拡げ、要望を満たす手助けとなるポイントとなった。簡潔な図面は、利用者が空間の質と使い方をイメージする助けとなる。この図面は、どのように建築家が問題をクリアし、解決策をクライアントに提示するために、数学、言語、図面、創造力を駆使するのかを示す。図面は、この物置小屋の大きさと形状を変える促進剤となった。薪置き場の位置のような子細なことまで議論し、シロアリの脅威を防ぐための変更も行った

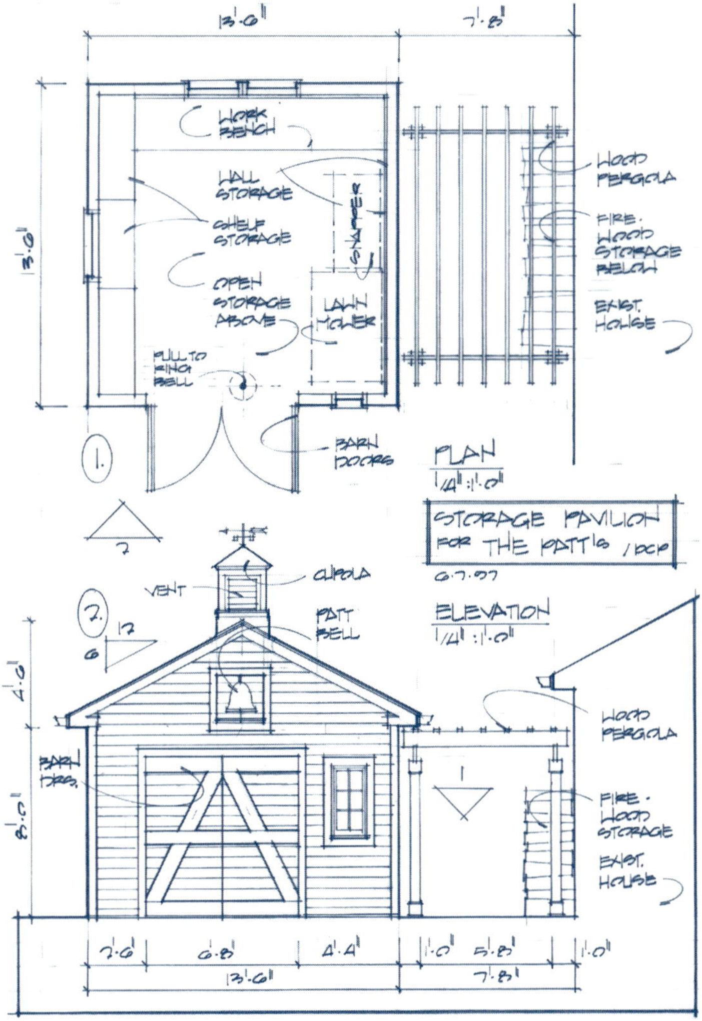
WORK BENCH
HALL STORAGE
SHELF STORAGE
OPEN STORAGE ABOVE
LAWN MOWER
PULL TO RING BELL
BARN DOORS
WOOD PERGOLA
FIRE-WOOD STORAGE BENCH
EXIST. HOUSE
PLAN
1/4":1'-0"
STORAGE PAVILION FOR THE PATT'S / DCP
ELEVATION
1/4":1'-0"
CUPOLA
VENT
PATT BELL
BARN DRS.
WOOD PERGOLA
FIRE-WOOD STORAGE
EXIST. HOUSE
13'-6"
7'-8"

W

www
ワールド・ワイド・ウェブ

www

```
01001000 01101111 01110111
00100000 01110100 01101111
00100000 01000001 01110010
01100011 01101000 01101001
01110100 01100101 01100011
01110100 00101100 00100000
01100010 01111001 00100000
01000100 01101111 01110101
01100111 00100000 01010000
01100001 01110100 01110100
00001101 00001010
```

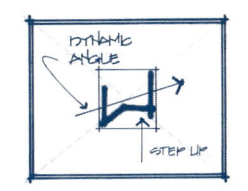

インターネットは世界を一新し、コンピューターは変化を促す触媒となった。ウェブサイトとデジタル機器はいまや普遍的であり、なくてはならない存在でもある。私たちは誰なのか、何をするのか、どこでそれを行うのか、なぜそれを行うのか、コミュニケーションを図る方法となっている。活字を組む世界から、0と1の組み合わせからなる二進法(バイナリー)の言語へと、世界は一変した。情報は、ディスプレイ、ディスク、ファイル上で伝達される。必要なデータは数秒で世界のどこでもダウンロードできる。wwwでは意味はわからないが、ワールド・ワイド・ウェブの略称である。インターネットは現代社会をより便利にする一方で、より複雑にもした。自由の象徴である一方で、すさまじい速度で情報を更新している。

　長い間、建築家は、数枚の図面を作成し、現場で建設作業を監理してきた。熟練し、自発的な働きがなされていた。特別を求める要求が増えたため、建築家の役割は広がった。世界はより議論好きとなった。材料や製品の数が増えることで、事態はより複雑となった。求められる図面の枚数は増え、仕様書は分厚くなった。

　最近まで建築家は、インクとペンを用いて当初はリネン紙に、やがて製図用フィルムや上質紙に、図面を描いてきた。プリンターではなく、青焼きコピー機(ジアゾ式複写機)を使って図面を複製した。だがいまや、ト

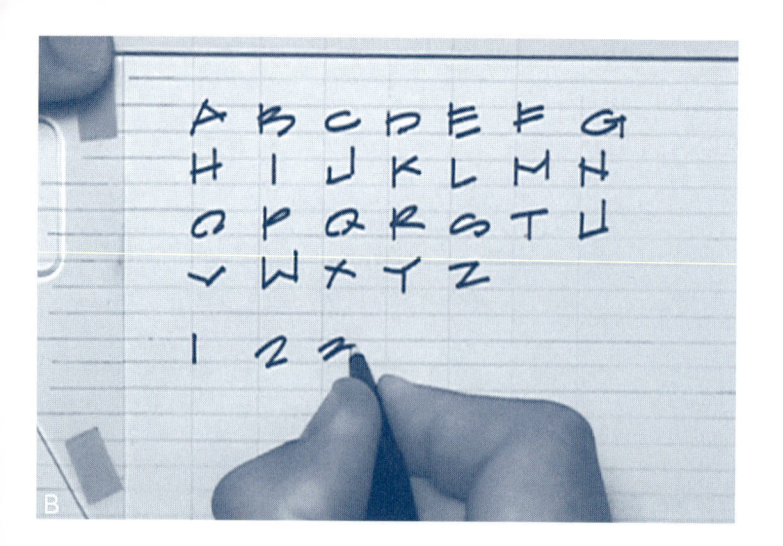

CAD : Computer-Aided Design
BIM : Building Information Modeling

＊Wall Street Journal, 5 October 2010, Personal Journal section.
扉:「How to Architect, by Doug Patt.」を表示する二進法コード。二進法コードはコンピューターの言語である。コンピューターが理解可能な命令を指定するシステムで、0と1の羅列から成り立つ。ビットコードと呼ばれる「一連」の記述の長さに応じて、シンボルや命令に対応する　上:「How to Architect」サイト内の「建築家のように文字を書く方法」と題されたインターネットビデオ

レーシングペーパーに手描きで行われるデザインは少数派であり、ほとんどの建築家は図面作成にコンピューターを用いている。

多くの製図用のソフトウエアとハードウエアが存在し、図面は見る間に作成され、修正される。建築家やエンジニアは一般に、図面作成と画像化のためにCADソフトとBIMソフトを用いる。数週間から数か月をかけて丹念に仕上げられる、実物とみまがうイメージをつくりだす3次元ソフトも用いられる。

コンピューターとインターネットの、建築家という職能への効能は十分に理解されていない。ウェブサイトとデータの共有可能化は、計画の管理を確かに効率化させた。コンピューターの利用は、図面の作成と修正を容易にもした。

しかし大人にとっても子供にとっても、手描きの作業のほうがキーボードを使うよりも、人間にとって有益であることを研究調査は示している。実際、描くという行為は、脳の働きと連携し、学ぶことをサポートすることが明らかにされている＊。同じことが、手作業による図面作成と模型製作にもいえるかもしれない。自動化された方法によりかかることで、手の能力は忘れ去られている。何かを得ることと引き替えに何かを失っている。

フランク・ゲーリーは、飛行機を設計するために開発されたソフトウエアを使っていることで知られている。ゲーリーの奇抜な形状の建物は、コンピューターと最新のソフトウエアがなければ、思いつきもされなかったであろう。かつては過激と見なされたが、いまや多くの建築家が同様にして実務を行っている。

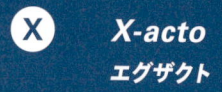

X *X-acto*
エグザクト

製図道具

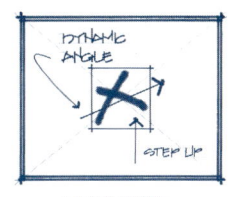

エグザクトはカッター製品の代名詞である。建築家と建築学生は、模型の製作やマットボードと図面のサイズ調整のため、エグザクトのカッターを使う。もちろん、唯一の道具ではない。いまや学生も建築家も、図面作成や模型製作にコンピューターを用いる。実際、多くの学生は、平行定規や三角定規、製図用シャープペンシルに触れることなく、卒業していく。しかし手作業による図面作成も、模型製作もまだ生き残っている。

手仕事は建築家が受け継ぐ遺産なのである。みずからの手を使い、スケッチを描いたり、スタディ模型をつくったり、文章を書かないと、作業がまったく進まない建築家もいる。建築家になるのを考えているならば、愛用することになろう道具の一覧を記す。

A ・エグザクト社の小型カッターとオルファ社の大型カッター。それぞれの替え刃
B ・24インチのカッターマット
 ・コルクで裏打ちされた24インチの鋼製定規
 ・36インチの鋼製定規
C ・三角スケール
 ・図面を壁面にとめるがびょう

D ・馬毛の刷毛(はけ)
　・ディーツゲン社の図面汚れ落とし粉
E ・製図作業用デスク（36インチ×60インチ）
　・ビニール製デスクカバー
　・48インチ平行定規
　・Zライト
F ・4H、2H、HB、2B、4Bの鉛筆
　・電動鉛筆削り、替え消しゴム
　・ドラフティングテープ
　・電動消しゴム
　・消しゴム
G ・イエロートレーシングペーパー
　・製図作業の主役となるぺんてるシャープペンシル0.5mm
　・ぺんてるサインペン、パイロットレーザーポイント、パイロットボールペン、ペーパーメイトフレアペンといった筆記具
　・レタリング作業のためのレタリングガイド
　・レタリング作業用の小型三角定規
H ・勾配定規（8インチサイズと12インチサイズ）
　・字消し板
　・コンパス
I ・3セットからなる雲形定規
　・円形のテンプレートと楕円形テンプレート

X-Acto　エグザクト

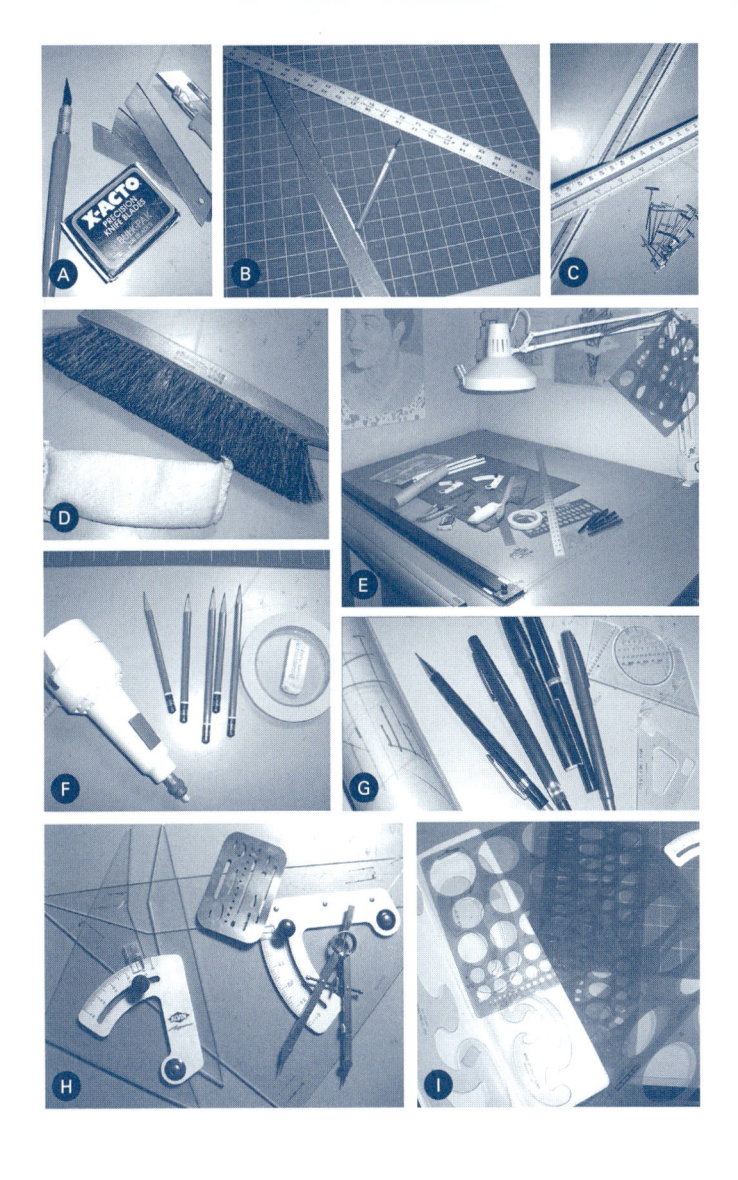

111　製図道具

Y *You*
ユー

キミたち

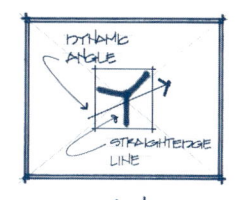

「建築家は偉大なる職能だが、職業とするのは難しい」と言われたことがある。もちろん簡単な職業などはない。建築家という職能が偉大なのは、生活を総合するからである。そのためには哲学、社会学、心理学、物質科学、工学、数学、歴史、施工法などへの造詣や、創造力が求められる。建築はなくてはならないものであり、連綿と続く歴史のなかで、その発展のプロセスはつねに世の中の進路を占う羅針盤であった。そのことはこれからも変わらないだろう。

　建物を設計するために独立し、設計事務所を開いて活躍するというのは、捨てがたい夢であるのは事実である。建築教育はキミたちにデザイナーへの道を拓いてくれるが、それは建築家としての日常業務のごく一部を占めるにすぎない。勤務先の設計事務所でデザインの決定権をもてる地位にたどり着くまでには、受け持ち業務の内容に衝撃を受け続けるであろう。大学を出たての建築家の卵（インターンアーキテクト）にとって、窓や扉の建具表や階段の詳細など、計画（プロジェクト）の平凡な部分の作業にひと月、あるいはそれ以上の時間を費やすのはあたりまえのことになる。しかしそれは、若手建築家が設計に責任をもつ統括建築家（プロジェクトアーキテクト）になるために避けては通れない道筋なのである。統括建築家は、意匠担当の建築家（デザインアーキテクト）がまとめた計画案を締めくくる。

　純然たるデザイン作業はどのような設計事務所でも特別なものであり、

終身雇用の建築家や共同経営(パートナーシップ)の建築家だけが手がけられる場合が多い。これが設計事務所を渡り歩く建築家が少なからず現れたり、建築家であることを辞めてしまう理由である。デザインを手がけられる場所になかなか職を得られないのだ。

独立することはたやすいが、勇気、技術、才能、人脈、資本といった成功に必要なものはなかなかそろわない。これは建築界の公然の秘密のひとつである。このことが知られていたら、建築学科に進学する若者は激減するかもしれない。建築家の実務のほとんどは、大学で経験した設計を中心とした作業とは異なるものなのだ。

上:建築家の仕事は、複雑で多岐にわたるもので、いわば都市計画のようなものである。　右ページ:1952年に竣工したインターナショナルスタイルを用いたSOM設計によるニューヨークのオフィスビル、レヴァー・ハウス。そのカーテンウォール構造はいまやどこにでもそびえ建つガラスの箱の摩天楼の先駆けである。現在SOMは世界中に10のオフィスを構え、1400人の社員を抱えている。設計事務所の規模は、建築家の役割、機会、出世に影響を与える

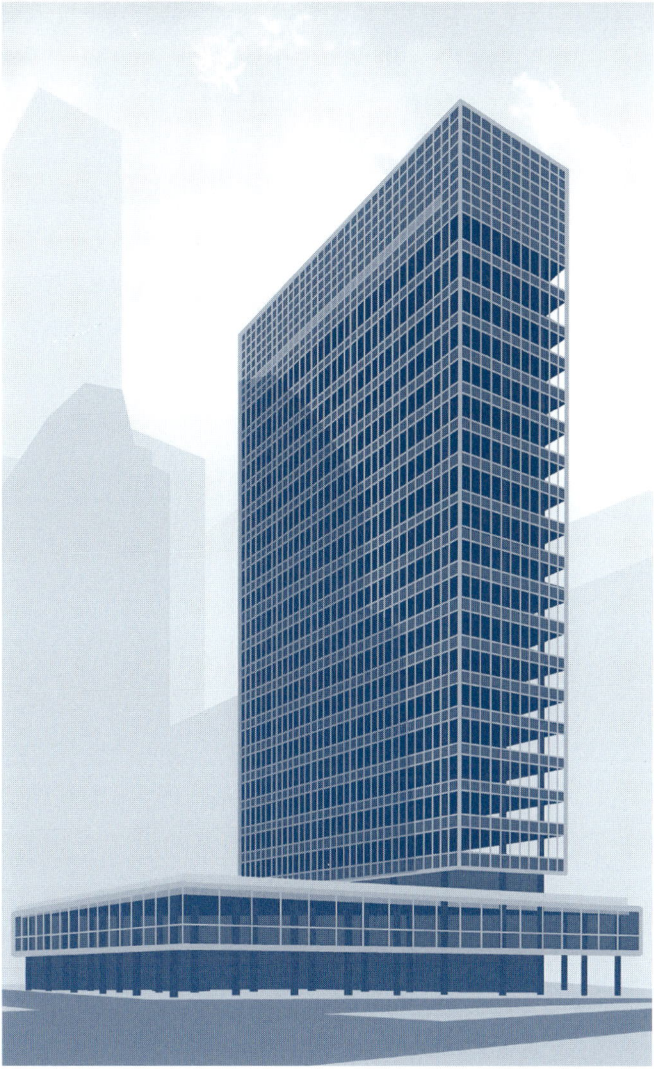

建築家の仕事は、設計図面の作成、文書作成、研究調査を伴う。建物を構成する製品、材料、仕上げについての知識や、複雑な機械システムに対する理解も必要である。さらには、高度な調整能力と統率力も求められる。建築家は多くの協力業者、建設業者、コンサルタント、クライアントと協働しなければならない。設計事務所を維持し、従業員（いる場合）に給料を払えるだけの仕事量を確保する必要もある。実際、これらの業務を行うだけで終日を費やしてしまい、デザインするための時間は残らない有様である。

　建築家になりたいのであれば、建築とは多くのことから成り立っているのであり、デザインがすべてではないことを理解する必要がある。

Zeal
ジール

熱意

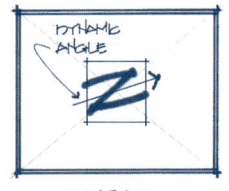

建築家は書くことや話すことばかりでなく、大学を卒業してもつねに本を読み続けるべきである。私の愛読書をいくつか挙げれば、ステーン・ラスムッセンの『経験としての建築』、レム・コールハースの『錯乱のニューヨーク』、フランク・チンの設計製図についての一連の著作、ラムゼイとスリーパーの『建築製図標準図解』などがある。しかしいずれの読書体験も、青春時代に読んだアイン・ランドの『水源』から受けた影響に匹敵するものではない。各世代の建築家に読み継がれ、建築家になろうと決心するきっかけをもたらす小説である。1943年に出版された際、出版社は売れ行きに期待していなかったが、瞬く間にベストセラーとなり、いまも版を重ねている。およそ650万部が売れ、さらに部数を伸ばしている。

『水源』で描きだされた英雄である建築家ハワード・ロークは、建築家の熱意の典型を示している。ランドの信じる客観主義思想の象徴となる役目を果たすだけでなく、天職を追求するためには自由でなくてはならないし、個人主義は集団主義に打ち勝つべきという著者の確信も体現している。

右ページ：アイン・ランド著『水源（The Fountainhead）』表紙カバー
邦訳：『水源』藤森かよこ訳、ビジネス社、2004年
『経験としての建築』S. E. ラスムッセン著、佐々木宏訳、美術選書、美術出版社、1966年
『錯乱のニューヨーク』レム・コールハース著、鈴木圭介訳、ちくま学芸文庫、筑摩書房、1999年

THE FOUNTAINHEAD

a novel by

AYN RAND

この小説は、対極的な力のバランスのもとに成り立っている。ロークはモダニズムに熱狂的である一方、宿敵をなす建築家ピーター・キーティングは無節操に伝統的な建築を追求する。キーティングは才能に乏しいが、世俗的には成功している。ロークは、卓越しているが妥協知らずであり、作品は天才的だが評価されない。

　キーティングは秘密の取引［ロークは一切の変更をしないという条件で、キーティングの仕事として公表される設計案を作成］が明るみに出た結果、身の破滅を招くが、ロークは認められることになる。

　結局キーティングは約束を破って設計内容を変えてしまう。ロークには中庸はありえない。設計変更されて建てられた建物を破壊してしまう。裁判の席でロークはみずから自我、個人主義、ビジョン、真実について情熱的な弁論を行った。かれは無罪となった。小説の最後で、キーティングは生きた屍となり、ロークは摩天楼の設計と、最愛の妻を得た。ロークの天職へのあくなき熱意は、ひたむきな行動の大切さと、原理や確信［といわれる固定的な見方］から設計案＝作品を守り抜く必要性を、世界中の建築家に訴えている。

著者あとがき

建物は巨大だが、微小な細部(ディテール)の積み重ねからできている。建築家の夢は建てることである。建物の大小は関係ない。途中で邪魔されることなく、自分のアイデアを実現させたいのである。しかしながら、実際の仕事のほとんどは、業務上の障害を取り除いていく作業となる。つまり建築家であるということは、ささいな挑戦に壮大な夢を見ることであり、理想的な計画案を妥協により修正しながら現実化させていくことなのである。

建物は調整が図られるべき構築的で機械的なシステムでもある。これが不十分だと、果たすべき機能が満たされなくなってしまう。敷地に課せられた「ゾーニング規制」を満足させなくてもならない。自らが楽しめる設計を行うことが目標だが、生涯をつうじて、なんらかの建物を「私の作品だ」と豪語できる建築家は多くはない。

建築家はさまざまな仕事を通して少しずつ経験を重ね、次の仕事へとつなげていく。おもしろい仕事にも出会えるが、大半は退屈なものである。建築家は長時間働くが、必ずしも作業量に見合った報酬が得られるわけではない。実務の多くは、目に見えない性質のものである。プレゼンテーションを準備し、デザインの作業にいそしみ、修正を施し、建築法規やゾーニング規制を調べ、もろもろの図面の整合性を確認し、仕様書を作成し、ほかの職種の専門家と協働する、といった作業のために深夜まで働

く。建物の竣工までにしばしば数年かかり、数限りないドローイングの作成、修正、注文の変更、再交渉、訴訟、プレゼンテーションが求められる。こうした作業のほとんどは、クライアントの目の届かない場所で生じ、世間のあずかり知らぬところである。これらの多くは不可欠のことだが、その多くで報酬は望めない。

　アメリカで建築家になるには、職能資格か修士号の学位、インターンとしての修業、建築に関連する職種での必要年数の実務、そして試験の合格が必要とされる。認可された建築家になるには、認可された医者になるのと同様の歳月が必要となる。建築家にとって40歳とは、まだまだ若造(ヤング)なのだ。

　建築を学ぶのは生半可なことではない。YouTubeの私のチャンネルに、ギリシャの学生から忘れられないコメントをもらった。大学1年の講義で、「建築家にならなくては生きていけない者、建築家になること以外に夢をもてない者のみがここで学ぶべきである」と教授から言われたという。将来の進路を模索しているさなかに、高校生はこうした言葉の意味をかみしめておくべきである。

　私が大学に入ってまもなく、ある教授が100人を超える教室の学生に、長時間の自習の必要と厳しいカリキュラムのため、少なからぬ数の学生は落第するであろうと語った。彼は正しかった。また、卒業しても建築家になる学生は多くはないだろうとも述べた。これもまた真実だった。実際、建築家教育（幅広い教養教育、美術と建築に関する行き届いた教育、デザイン・設計教育を包む）は、学生を問題解決者へと仕立てる。習得した技術の性質ゆえに、建築以外のクリエイティブな分野に携わる傾向もみられる。卒業までに異なる業種に就くことも考えられるのである。建築を学

んだ学生にとって、プロダクトデザイン、グラフィックデザイン、模型製作、ファッションデザイン、家具デザイン、イラストレーション、インテリアデザイン、不動産開発、ランドスケープアーキテクチャー、建設業、都市計画、施工管理、不動産管理の職に就くのは特別なことではない。

　建築家になりたいのであれば、建築学科で学ぶ前、あるいは大学での専攻を選ぶその前に、夢を試すことができる。設計事務所を訪れたり、建築家とはどのような職業なのかを尋ねるのに早すぎることはない。高校生であっても、有給あるいは無給でのインターンとして設計事務所で働くことにチャレンジできる。建築は独特の職能の文化をもっている。設計事務所での職業体験はその感覚を教えてくれる。多くの大学でも学生に就業体験をさせるプログラムをもっている。

　大学で建築を学ぼうとするならば、学問の場と実践の場は異なるものであることを忘れてはならない。建築学科での理論的であり、デザイン重視のカリキュラムと、ほとんどの設計事務所での現実の仕事との違いは、控えめに言っても相いれないものである。建築教育は、実務よりデザインプロセス偏重の傾向にあり、ゾーニング委員会や自治体委員会に向けてではなく、デザイン審査へのプレゼンテーションを強調する傾向にある。設計事務所に就職したとすれば、「建築家はなぜ担当する建物の設計に関わっているのか」を自問する時間はほぼなくなってしまう。クライアントなくして建物は建てられないし、報酬はきちんと払ってもらわなければならない。建築家もかすみを食べては生きていけないのである。

訳者あとがき

これは、Doug Patt, "How to Architect", The MIT Press, 2012の翻訳である。

著者ダグ・パット氏は、ペンシルヴァニア州立大学とペンシルヴァニア大学大学院で建築を学び、その幕間にポルトガルやスイス、フランスなど欧州諸国でインターンシップを経験している。大学院修了後は米国内の設計事務所に勤務、現在は高級住宅のコンサルタント業務を行っているとのこと。また、製品開発など起業家としての顔をもつ一方で、インターネットを中心に建築家という職能に関するキャリア支援を行い、文筆にも取り組んでいる。さらに母校ペンシルヴァニア州立大やノーザンプトン・コミュニティ・カレッジで教鞭も執っている。いわゆる建築家という枠組みには収まりきらない多彩な活動、異色の経歴をもつ人物である。

その文筆作業での成果となるこの本では、建築家という職能について考えるための"素"となる豆知識が、AからZまでのアルファベット26項目にまとめられている。その立ち位置として、アメリカという国の背景がにじみ出ている部分も見られるが、国境や制度を越え、普遍的に建築家に求められよう教養や技能、作業の核心について、シンプルだが過不足のない記述がなされている。

テキストを読めば、著者が建築大好きであることは一目瞭然である。け

れども、その経歴にも片鱗をうかがえるのだが、生え抜きとして建築を盲従盲信している物言いではなく、世間一般の見方との相対化が図られている。ときおり見せる建築（家）に対するクールで、シニカルな視点こそが、この本の味わいをキリリと引き締めている。

　26項目のどのチップスから読んでも構わないし、ザッピングするように断片的な読み方をできるのが魅力ともなっている。ただし、各項目で記載された事柄が、読了後に頭の中で渾然一体となることで、好きになるか嫌になるかは別にして、あらためて「建築家」の理想と現実が焦点を結ぶことにもなろう。

　日本との違いを少し述べれば、この国の場合、職能としては「建築士」という資格で呼称される。それはこの本に描きだされた建築家とは異なる位置づけとなる。建物を建てる「技術者」としての位置づけといってもよいだろう。しかしこれでは真の建築家となるためには十分とはいえない（その理由はこの本を読み終えていれば明白だろう）。制度的には建築士の資格を取ることは必要だが、建築家としての矜持を保つには（制度的には求められないし、なかなか社会から理解を得られないかもしれないが）、それに満足することなく貪欲に文化や社会に関する幅広い知識を研鑽していくことが求められよう。

　原著には、少なからぬ数の建築家や有名建築物の名前が記載されている。しかし本の性質上、すべての建築家や建物に、具体的な説明や写真が付随してはいない。訳書でも原書の性格を考えて、付加的な注釈は最低限とした。そこで、登場してくる建築家や有名建築物について知らなかったり、わからなかったときには、ぜひ、インターネットなどを用いて検索、確認してほしい。そうすればこの本の内容をより深く味わえるだろうし、

二度おいしくなること請け合いである。

　邦訳の場となった鹿島出版会と、編集を担当してくれた川嶋勝氏にはお礼申し上げる。ルーチンに加え、興味と関心に応じて種々のサイドワークにも手を染めてしまう訳者を、いつも笑顔でサポートしてくれる妻・佳織にも感謝したい。

　良きにつけ悪しきにつけこの本が、読者の建築への関心を誘い、強めるきっかけになれば、訳者としても喜びである。

2012年7月

著者	訳者
ダグ・パット　Doug Patt	矢代眞己　Masaki Yashiro
ペンシルヴァニア州立大学とペンシルヴァニア大学大学院で建築を学び、現在、高級住宅コンサルタント。RA（米国登録建築家）。ペンシルヴァニア州立大学やノーザンプトン・コミュニティ・カレッジで教鞭をとる。	日本大学短期大学部建築・生活デザイン学科准教授。1961年東京生まれ。日本大学大学院理工学研究科建築学専攻博士課程修了。博士（工学）。一級建築士。著書に『カリスマ建築家偉人伝』（彰国社）など。

建築家へのABC
ハウ・トゥー・アーキテクト

2012年8月10日　第1刷発行

著　者	ダグ・パット
訳　者	矢代眞己
発行者	鹿島光一
発行所	鹿島出版会
	〒104-0028
	東京都中央区八重洲2-5-14
電　話	03-6202-5200
振　替	00160-2-180883
印刷・製本	三美印刷
造　本	渡邊　翔

ISBN 978-4-306-04579-8 C3052
Japanese Translation Copylight © Masaki YASHIRO, 2012
Printed in Japan

落丁・乱丁本はお取り替えいたします。
本書の無断複製（コピー）は著作権法上での例外を除き禁じられています。
また、代行業者等に依頼してスキャンやデジタル化することは、
たとえ個人や家庭内の利用を目的とする場合でも著作権法違反です。

本書の内容に関するご意見・ご感想は下記までお寄せ下さい。

URL：http://www.kajima-publishing.co.jp/
e-mail：info@kajima-publishing.co.jp